www.tredition.de

... Und wen dürstet, der komme;

und wer da will,

der nehme das Wasser des Lebens umsonst.

Offenbarung 22, 17b

Heide Nyaga

Mit G o t t in Afrika

Rettungsfahrplan für die Seele

www.tredition.de

Umschlaggestaltung: Heide Nyaga,
Umschlagfotos: Betty Ellis
Verlag & Druck: tredition GmbH, Halenreie 40-44,
22359 Hamburg

ISBN:
978-3-347-33522-6 (Paperback)
978-3-347-33523-3 (Hardcover)
978-3-347-33524-0 (E-Book)

Bibliografische Information der Deutschen Nationalbibliothek:
Die Deutsche Nationalbibliothek verzeichnet diese Publikation in der Deutschen Nationalbibliografie; detaillierte bibliografische Daten sind im Internet über http://dnb.dnb.de abrufbar.

Vorwort

Je undurchschaubarer das Leben wird, je widersprüchlicher die Regeln, die von außen auf uns einprasseln, desto mehr sehnen wir uns nach Vereinfachung. Wir alle tragen das Verlangen nach Richtlinien in uns, die klar aus dem Dickicht der Verbote und Gebote hervortreten.

Der menschliche Verstand neigt sogar selbsttätig dazu, Ordnung zu schaffen, indem er hereinflutende Informationen sortiert, sie in Fächer einordnet, die von „beliebt", „bevorzugt", über „bedrohlich", bis „unakzeptabel" reichen. Es gibt eine Instanz in uns, die Informationen verwirft oder akzeptiert, also abnickt oder entsorgt. Ja, so wunderbar sind wir gemacht, dass Mechanismen in uns am Werk sind, die – scheinbar ganz ohne unser Zutun – dafür sorgen, dass unsere, einmal als wahr angenommene, Realität nicht ins Wanken gerät.

Leicht einzusehen ist, dass dieser innere Ordnungstrupp sowohl als auch zu unserem Gedeih und Verderb werkeln kann. Je nachdem, ob wir grundsätzlich in schädlichen Meinungen festgefahren oder noch zu unserem Besten beeinflussbar sind. Interessant, weil durchaus folgerichtig ist die Beobachtung, dass Menschen, die ihr Denken nie überprüfen, weil für sie „Überprüfung" nicht *Prüfen und Verknüpfen der Inhalte*, sondern nur ein *Beharren auf Mitschwimmen im allgemein gültigen Fahrwasser* bedeutet, sehr viel beeinflussbarer sind, als sie selbst es für möglich hielten.

Ein Denken, angekoppelt an den „Hauptstrom der Meinungen", wechselt also jederzeit die Richtung ausgerechnet derjenigen, die zugleich felsenfest vom Gegenteil, ihrer „Standhaftigkeit" nämlich, überzeugt sind. Standhaft sind sie dabei lediglich in ihrer Gewohnheit des Richtungswechselns. Sie gibt ihnen die Illusion, „frei zu sein", „ihr eigenes Leben zu leben", etcetera. Doch ist ein Chamäleon wirklich frei, nur weil es sich automatisch anpassen kann? Es ist doch, ohne es zu merken, nicht von „eigenen" Meinungen, sondern von außen bestimmt. Tut denn ein Stöckchen, in den Fluss geworfen, was es will? Oder nicht vielmehr genau das, was der Fluss vorgibt? So auch Menschen. Je nachdem, was die offiziell verkündeten Werte gerade so vorgeben, schwanken sie beträchtlich, wie ein Wolkenkratzer es tut, unmerklich, aber doch, je nach dem herrschenden Wind. Nur so lässt sich leicht nachvollziehen, dass heute ein Rock die Knie bedecken „muss", zur nächsten Saison Frauen jedoch „freiwillig" viel mehr als nur die Knie der Öffentlichkeit präsentieren

„müssen". Die Modebranche lebt also davon, dass Menschen beein-flussbar sind; so unbeständig sind, dass sie ihre Werte von heute auf morgen über Bord werfen. Moment mal -, Werte? Welchen Werten folgt ein Mensch, der gleichzeitig um die Kurzlebigkeit der Mode „weiß", ihr aber dennoch klaglos gehorcht? Richtig. Er folgt einem „Diktat". Er tut etwas, das er, wäre er **nicht** in Trance, also seiner selbst durchaus mächtig, niemals täte. Das Mode-Beispiel ist auf alle Bereiche des Lebens übertragbar. Menschen mögen demzufolge nichtige Richtlinien. Sie unterwerfen sich ihnen „freiwillig". Gar zu gerne werden solche Maßstäbe zum Lebensmittelpunkt erhoben, um den sich alles dreht. Zum materiellen Nutzen weniger, werden Menschen im Tiefschlaf gehalten. Aufwachen ist demgemäß also nur der Freiheit ein wahrer Wert.

Sich in Nichtigkeiten zu verlieren, ist also eine der Arten von „Vereinfachung" komplexer, tiefgreifender Zusammenhänge. Doch kann ein Strohhalm, wenn es darauf ankommt, kein zuverlässiger Anker sein. Die Bibel lehrt uns, dass der Tag kommen wird, an dem es „darauf ankommt", woran wir glauben. Woran wir glauben, ist das, woran wir uns festhalten. Dieses entscheidenden Tages wegen, an dem gezählt wird, ob es Sand oder ein Fels ist, auf den wir bauten, brauchen wir Rettung. Rettung aus unserer Beliebigkeit, die sich mal dieses, mal jenes zum Halt erkürt. Wir brauchen Errettung aus der Sünde, die uns dazu, Nutzlosem zu folgen, verführt. Und Rettung vom Tode, in den die Sünde unweigerlich mündet. Wenn wir die Umstände unserer Zeit so betrachten, einer Zeit, in der „alles gleichrangig möglich ist", drängt sich das Bild von Sodom und Gomorrha regelrecht auf. Und, so wir das Elend, die Verlorenheit der Menschen überhaupt erkennen, angesichts des offensichtlichen Schlamassels, müsste uns bang werden über der Frage: Sind wir denn noch zu retten?

Ja. Denn es gibt IHN. Und wir brauchen nichts so dringend wie IHN, „UNSEREN RETTER". Unschwer lässt sich erkennen: Sturm zieht auf, den wir Menschen von heute, ebenso wie die Menschen von Sodom und Gomorrha ohne IHN nicht werden überstehen können. Wir sollten uns Augen wünschen, die über das irdische Leben hinausblicken wollen. Nur mithilfe neuer Augen werden wir den Blick hinaus über den Horizont unserer selbstumkreisenden Gedanken richten können und es begreifen:

Dass das Leben, das endliche, **nicht** unendlich ist. Dass es „NICHTS" ist, ein „HAUCH", nichts ist im Vergleich zur EWIGKEIT MIT GOTT, für die NUR ER Wegbereiter ist:

JESUS CHRISTUS. **Nur Dein Glauben an IHN und dass ER für Deine Sünden gestorben und wiederauferstanden ist, wird Dich zu Gott in das ewige Leben bringen.**

Kenia, im November 2020

Was als Brief begann, daraus ist ein kleines Buch geworden. Es richtet sich, wie all meine Briefe auch, an Freunde, Bekannte, Verwandte, Menschen die nur kurz meinen Weg „Kreuz"ten, an alle, die mir am Herzen liegen, darunter auch an Dich; denn IHM sind ALLE wichtig. ER liebt ALLE Menschen, auch DICH und ER will, dass Du dies weißt. Ich wollte, auch dem gehorchend, was ER will, Dir bezeugen, dass es durch ein Leben ohne IHN kein Entrinnen der ewigen Verdammnis gibt. Ich sage dies ganz ernstmeinend, dass es die Klarheit dieses Wissens war, nach der ich mich früher in meinem Leben so sehr gesehnt hatte. Mich hat

JESUS CHRISTUS, unser Retter, letztlich erreicht. Nimm auch Du die Botschaft unbedingt an! Eine wichtigere wird es nie geben.

Gnade und Friede,

Von Gott dem Vatter, und unserm Herrn Jesu Christo

Dieser Segensspruch bildet die Überschrift auf der ersten Seite einer alten Bibel. Sie ist ein Geschenk.

Ein lieber Bruder aus dem Schwarzwald hat sie mir anlässlich seines Besuches hier in Ostafrika überreicht. Ich habe einige Bibeln zum täglichen Gebrauch, aber diese ist die erste, wirklich alte, Bibel. Er hatte sie in einem Berliner Antiquariat aufgestöbert und gleich an mich gedacht. Ich war so gerührt, ja, erstens, weil er mir damit eine Freude machen wollte, zweitens hat mein Herz aber bereits beim Genuss des Vorwortes vor Freude gehüpft. Allein der Umstand, *dass* es diese Einführung gibt, in der dem Leser dieses Buch als unvergleichlich kostbar, wärmstens ans Herz gelegt wird, ergriff mich sehr. Wo findet man solche Geleitworte heutzutage noch? Ja, wo findet man noch eine Bibel in der Auslage eines Buchladens? Vergeblich hielt ich in meiner Heimatstadt im Salzburger Land Ausschau nach ihr. In einem Buchladen, direkt neben der Stadtkirche gelegen, fand ich – keine. Sogar die Bestellung gestaltete sich schwierig. Man merkte der Verkäuferin an, dass das wichtigste Buch, das es gibt, das Vermächtnis des lebendigen Gottes für seine geliebten Kinder, Neuland für sie war.

Umso verständlicher ist meine Begeisterung gegenüber der großen Wertschätzung für Gottes Wort, die aus den ersten, sorgsamen, respektvollen, liebevollen Zeilen der alten Heiligen Schrift spricht.

Als „Vorrede" betitelt steht in dieser Bibel aus dem Jahr 1736, die ein Vater für seine Tochter anfertigen ließ, unter anderem folgendes:

Das soll ja alle Christen ernstlich vermögen, daß sie die Bibel sich an-schaffen, und stets bei Händen haben. Hat der grosse Alexander die Schrif-ten Homeri stets bei sich geführet, und daraus sich ergötzet, ja des Nachts sie unter sein Haupt=Küssen geleget; Wie sollte nicht ein rechter Christ die Bibel stets bey sich haben, die ihne wahrhafftig weis machen kan zur Selig-leit? Gewiß, wer nur einmal an das Bibel=Lesen sich gewöhnet, wird fin-den, daß er davon unaussprechliche Vergnügung schöpffen wird; denn sie ist gleich einer wohlbestellten Apotheke, darin Arzneyen wider alle Anlie-gen der Seelen zu finden: Sie ist eine reiche Quell, die an Lehr und Trost nimmer mag erschöpffet werden. Sie ist ein zierlicher Lust=Garten, daraus man manche schöne Blumen abbrechen und sich damit erquicken kan. Sie ist die rechte Regul und Richtschnur, darnach man in Lehr und Leben si-cherlich sich richten kan. Sie ist ein gewisser Probier=Stein, daran man die selig= machende Lehr von den Irrthümmern unterscheiden kan.

Sie ist eine andere Harffe Davids, die den Geist der Traurigkeit verjaget, das wohl manche fromme Seele rühmen kan: HERR, wo dein Wort nicht wäre mein Trost gewesen, ich wäre vergangen in meinem Elend. Ps 119

Es folgt eine Ermahnung, seine Kinder im Wort zu erziehen:

Sonderlich können die Eltern nichts besseres tun, als daß sie ihren Kin-dern beyzeiten die Liebe zur Heil. Schrift einpflanzen, und so bald sie tüch-tig sind, sie gewöhnen darinn zu lesen, damit sie in der Jugend in Sachen des Heyls einen satten Bericht erlangen, das kommt ihnen hernach in ihrem

ganzen Leben wohl zu statten, und können sie damit auch sich beschützen,
wann sie in die Fremde kommen unter die Widerwärtige und Falsch=Gläu-
bige; Ja, wie manches liebes Mutter=Kind, ist vermittelt fleißiger Ablesung
Heiliger Schrifft durch Gottes Gnad zurück gehalten worden, daß es der
Verführung der letzten Zeit sich nicht hat theilhafftig gemacht, und mit
andern nicht hingelaufen in dasselbe wüste und unordentliche Welt=We-
sen.

Abschließend liest man:

Der liebe himmlische Vater heilige uns alle in der Wahrheit, und lasse uns
die Ablesung der Heiligen Schrift seyn eine Kraft Gottes zur Seligkeit, und
ein Geruch des Lebens zum Leben!

So wünschet und bettet

Basel, den 1sten Merzen Anno 1736

Hieronymus Burckhardt,

Heilige Schrift Doctor.

Diener am Heiligen Wort Gottes in der Kirchen zu Basel
(Hieronymus Burckhardt war ein reformierter Schweizer Theologe
und Hochschullehrer, geb. 30. Mai 1660, gest. 7. Mai 1737)

Was es ist, das mich an diesen Zeilen so beflügelt, weiß ich wohl
zu sagen. Es ist derselbe, der zeitlose, ewige Geist, der jene beseelt,
die in der Bibel wie in einer unerschöpflichen Apotheke wandeln,

die die besten Arzneien birgt. Und ebendieser Geist hat mich in meiner Kindheit gelehrt, das – wie Hieronimus Burckhardt es sagte, - „wüste und unordentliche Weltwesen" zu erkennen. Und wenn ich doch „hinlief", so bin ich doch vor dem unsagbar Schlimmsten bewahrt worden! - Verschluckt zu werden vom Weltentrubel und das Heil leichtfertig zu verspielen. Ja, es gab eine Zeit, zu der ich „Das Buch", die „Heilige Schrift" so sah, wie es ihr schlimmster Feind tut. Satan, der Widersacher. Ich wusste damals noch nicht, dass er alles daransetzt, uns die Wahrheit madig zu machen. Diesen Irrtum durfte ich – Gott sei es gedankt – rechtzeitig erkennen. Mein Buch bezeugt, dass es derselbe Heilige Geist war, der mich aufrüttelte und belehrte, der mich auch damals erfasst hatte, sobald meine Großmutter die Heilige Schrift zur Hand nahm, sie aufschlug und mir daraus vorlas.

Wenn ich an JESUS denke, meine ersten Begegnungen mit IHM, fühle ich mich auf die sichere Insel meiner Kindheit, in das altmodisch anheimelnde Wohnzimmer meiner Großmutter versetzt. Sehe sie, das lange Haar in einen Knoten gefasst, in weißer, gestärkter Küchenschürze vor mir, und es steigt mir der Duft ihres gedeckten Apfelkuchens herauf. Köstliche süß-saure Boskop-Äpfel, geerntet vom eigenen Baum, auf Mürbteig. Gedeckt und mit Zitronenglasur.

Schnitt sie den, auf der, zum Kaffeeservice gehörenden Porzellan-platte servierten Kuchen an, floss einem schon das Wasser im Munde zusammen. So intensiv entfaltete sich der Duft nach Äpfeln, Zitrone, Vanille und Zimt. Das Prachtstück solider norddeutscher Backkunst wurde mit reichlich Sahne serviert. Aber das ist es längst nicht. Diese sinnliche Eingebung bildet nur den irdischen Rahmen, die Landebahn meiner Erinnerungen; die Orientierungshilfe. Sodass ich mich zweifelsfrei dorthin versetzt fühle, wo damals in meinem Leben dieses Wort, dieser Name „JESUS", das ganze Zimmer gera-dezu so erhellt hatte, wie ich mir das als Kind immer ausgemalt hatte, es sein müsste, wenn SEIN Flügel den Raum streifte.

Das Abendlied, das „sie", Oma, mir sang. „Breit aus die Flügel beide, oh JESU, meine Freude!" Und ER alles in Licht tauchte. Jetzt, in der Erinnerung daran, ist es nachgerade so, als ob meine afrikani-sche Gegenwart sich mit jener dort im norddeutschen Wohnzimmer verbindet und eine einzige wird.

Afrikanische Sonne ist grell. Sie ruft unweigerlich Tränen in den Augen hervor. Und doch entspannt bei SEINEM Namen das Auge urplötzlich sich, als hätte jemand einen Lichtschalter gedrückt, einen Wechselschalter in eine andere Welt. Einen Schalter für mildes, war-mes, weiches, zärtlich einhüllendes Licht. JESUS!

Man muss wissen, ich bin kein schwärmerischer Mensch. Ich sammle keine Heiligenbildchen, nein. Sie sind mir ein Gräuel. Wie das, was sich in gewissen Kirchen und Kreisen des Menschen bemächtigen möchte. DAS ist nicht GOTT! Davon halte ich mich fern. Etwas in mir ist stets da, das mich von „so etwas" abhält. Vielleicht ist es ja sogar diese klare Reinheit, diese -, so widersprüchlich ist es am besten gesagt -, „milde Strenge", die Oma umgab. Klarheit, Wahrheit. Mein Leitbild. Das keine Götter neben dem EINEN duldete.

Und doch habe ich in meiner Vergangenheit so manches nicht als einen falschen Gott erkannt. Zu gut ist die Tarnung, in die er, Satan, sich hüllt. Davor warne ich heute die vielen, die sich des Einflusses gewollter Indoktrinationen in eine gewisse, schädliche Richtung nicht gewahr sind, sie hingegen den von ihnen scheinbar selbst gewählten, mit GOTTES vorgeschriebenem Weg vertauschen. Ihre eigenwilligen Wege, die sie in das Verderben leiten, zur „Erleuchtung", ins „Nirvana", in die „ewige Wiederkehr der Reinkarnation" -, ja, alle Wege in die Selbstauflösung wie auch die in die Selbstverwirklichung, „Selbstbestimmung" sind Wege, die die Menschen lehren, das Falsche zu vergöttern, die sie lehren, sich selbst zu vergöttern, die sie aber nicht zu GOTT bringen. Im Gegenteil öffnen sie damit Tür und Tor zu ewiger Verdammnis. In der Hölle.

Kein religiöser „Zauber" darf geduldet werden, nichts Derartiges erlaubt GOTT. Wenn mir also das Geschilderte zu meiner Oma fast schwärmerisch zu schreiben einfällt, dann deswegen, weil es wahr ist und sich anders nicht sagen lässt. Als etwas, das mir als eine unübersehbare Tatsache geschah, in der zwei Welten IN meiner Oma zusammenkamen. KEINE Fälschung! Die Welt meiner Oma, deren Glaube trotz schwerster Kriegserfahrungen, obwohl ihr Körper zerbrechlich erschien, nicht gebrochen war, war echt. Der Glanz, der ihre Augen erhellte, war nicht nur nicht erloschen, sondern zeugte von dieser anderen Welt, zeugte von der Überwindung des Leids. Sie war nicht eine esoterische Lichtgestalt. Die weit weg vom Leid, abgetrennt zu sein schien vom Bösen. Ätherisch schwebend. Eine derjenigen, vor denen man sich hüten sollte. Nein, sie war DURCH Leid gegangen, durch es *geworden, denn sie war nicht allein gegangen, sondern mit IHM.* Ihrem Heiland. Hatte sich von GOTTES WORT formen lassen. Frei von Pathos, frei von überirdisch verblendendem Glanz, war sie. Sie war das, wonach heutzutage so viele streben, es aber nicht finden. Sie selbst? Ja und nein. Die „Welt" hatte sie abgestreift. Nur das Wesentliche blieb. Nur? Eine berechtigte Frage, denn sie war stets heiter, als beschwerte kein irdisches Gewicht ihre frühzeitig gealterte Gestalt. Gebeugt -, ja. Aber es lag die Gewissheit von etwas Großem in ihrer Beugung. Demütigkeit. Diese

Demut vermittelte ihre Haltung; nicht als etwas gewaltsam Erwirktes, sondern wie die Erinnerung an ein Gebot. Eine alte Frau, herausgehoben aus der Welt, gleich ihrem HERRN geworden durch das, was sie gekostet hatte. Was ihr tägliches Brot gewesen. SEIN WORT. Lebendiges Wasser verströmte sie.

„Weise mir, HERR, DEINEN Weg, dass ich wandle in DEINER Wahrheit, erhalte mein Herz bei dem einen, dass ich DEINEN Namen fürchte." Das war eines ihrer Gebete gewesen, die sie, einleitend ihr persönliches Flehen zu GOTT, zum Heiland, getan hatte. Jeden Morgen, jeden Abend. Ich weiß noch, wie ich, beeindruckt von der Unerschütterlichkeit ihres Glaubens durch irdische Prüfungen, die ihr auferlegt waren, sie damals öfter von der Seite ansah, ganz gewahr, dass etwas anders war mit ihr, besonders. Über all die Jahre hinweg hat sich dieser Eindruck von ihr stets gehalten.

Sie unterschied sich deutlich von denen, deren Streben nichts anderem gilt als:

Ich will eigentlich nur in Ruhe mein Leben leben und kann auf alles, was mich dabei stört, verzichten.

Ich glaube, ich habe ein Recht darauf.

Dies ist das Glaubensbekenntnis der meisten Menschen auf Erden.

Was? - So einfach machen die sich das?

Ja. - Nur, dass es eben nicht einfach ist zuzugeben, dass man sich dennoch Ärger, massenhaft Ärger, an Land zieht. Der dann das Leben stört. Seltsam, dass sie vom größten Ärger, der allen bevorsteht, die JESUS CHRISTUS nicht annehmen, der ewiglich anhalten wird, nichts wissen wollen.

Es gibt solche Momente, die sich unauslöschlich dem Leben aufprägen. Wie gut, wenn es solche sind, die einerseits von Gewissensnot und andrerseits DEM EINEN, der alle Schuld vergibt, handeln. Oma kommt mir da schon wieder in den Sinn. Wie ich, da war ich grade mal fünf und wurde zum Einkaufen geschickt, unerlaubt Kaugummi vom Restgeld gekauft hatte. Je näher ich dem Zuhause kam, desto unbehaglicher war mir gewesen. Wohin mit dem Kaugummi im Mund? Ich spuckte ihn aus. Ich warf das Papier hinterher. Oma hatte es vom Fenster aus aber gesehen. Ich blickte hinauf, sie ernst herunter auf mich. Ich lief die Treppe hoch. Sie sagte nichts, sie blieb mir gegenüber stumm. Stattdessen.........

Mich sehnend nach Schelte, stand ich betreten vor ihr und fragte sie schließlich, als ich es nicht mehr aushielt, „Oma, was machst du?" „Ich bete für dich, Kind", antwortete sie. „Ich lege bei unserem Heiland ein Wort für Dich ein." Mir kommen die Tränen, während ich es jetzt erinnere. Ihre Sanftheit hat bei mir die tiefst möglichen

Spuren hinterlassen, die Art Spuren, die auf den EINEN zustrebten, dessen Name ich später, sehr viel später, am Strand des Indischen Ozeans, in den Sand geschrieben fand.

Wer JESUS wirklich war, das wusste ich damals noch nicht. Er hatte sich mir noch nicht durch die Wiedergeburt offenbart gehabt. Und doch meinte ich IHN zu kennen und habe ich mich eine „Christin" genannt.

Und als die Flut hereindrängte mit Macht und ich, die ich mich im Sand niedergelassen hatte, aufstand, den Rückzug antrat und mitansehen musste, wie das Meer den Namen des EINEN vor mir verschlang, war es, als würde Oma neben mir stehen, mir den Arm um die Schultern legen und mit Bestimmtheit sagen: „ER ist das Alpha und Omega, ER vergeht nie." Ja, so war sie. Entschlossen, nie wankend, wenn sie von dem Fels zeugte, an den sie sich hielt.

Ich weiß noch, wie ich danach das Häuschen am Strand betrat, mein kleines Stück Heimat im fremden Land, dieses Ziehen im Herzen, das fortan nicht mehr aufhörte.

Das ganz Große, das Wunderbarste wurde mir zuteil: JESUS ist gekommen. ER hat mich aufgelesen. Die Zeit ist weiter fortgeschritten, fast unmerklich, es ist aber viele Jahre später und ich habe längst schon das Haus am Sandstrand verlassen. Ich war wieder dem Ruf gefolgt. GOTT hat für jeden eine spezielle Art zu rufen. Kennst Du die Deine? Der Ruf ist unverkennbar und klar.

Kaum, dass ich mich etabliert, mich an das Fremde gewöhnt hatte, musste ich weiterziehen. Wollte ich es auch? Ja, ich wollte es auch.

Denn einfach leben wollen, ohne gestört zu werden, das war nichts für mich. Das war doch kein Leben. War es doch auch für die, die es so wollten, bloß Illusion. Ich musste an die vergehenden Schaumkronen denken. Sie schmücken die Wellen, kurz nur. Sie verlöschen. Alles nur Haschen nach Wind.

Nachdem mein Herz endlich bereit gewesen war für das, worum es bei der „Sehnsucht nach dem echten Leben" wirklich ging, nämlich einzig um Sündenerkenntnis, Vergebung, Erlösung und ewiges Leben, durch unseren HERRN JESUS CHRISTUS, fing die Zeit an, schneller zu laufen. Für mich war und ist sehr wohl wahrnehmbar, das Vergehen dieser Art Zeit heutzutage. Der Zeit, die eine andere ist, als sie es damals noch war. DAMALS – früher meinte man damit „vor fünfzig, vor hundert Jahren". Heute ist DAMALS: ERST GES-TERN. Erst gestern noch, da waren wir – anscheinend – frei gewesen.

Viele, denn sie ist geschickt eingefädelt, merken ihre Unfreiheit gar nicht. Sie halten sie, unter dem Vorwand der Fürsorge und Rücksicht auf die Gesundheit, für selbstgewählt, wähnen sich nach wie vor in FREIHEIT.

Genauso ist es mit GOTT und den Menschen. Die meisten fühlen es nicht, dass sie OHNE IHN **niemals** frei sind.

Nicht mehr wie selbstverständlich verreisen zu können, anscheinend in der Angst vor Krankheit leben zu müssen und dennoch nicht zu realisieren, wie wahnwitzig das ist, dass es zur unabweisbaren Realität wurde, nicht entrinnen zu können. Das Netz zieht sich zu. Das Netz dessen, der von den meisten geleugnet wird. Der sie – in vollständiger Hörigkeit hält, damit sie ihr Leben, die Aussicht auf das WAHRE LEBEN dahingeben. Es – meist unwissentlich – ihm, Satan nämlich, weihen.

Heute weiß ich, was es war, das mich vor fast zwanzig Jahren forttrieb vom – GOTT dämpfenden - Luxusbetrieb Europas. Etwas anderes hatte mich bewegt und dieses Etwas begann dauerhaft in mein Leben zu sprechen, Druck machend. Er war mir willkommen, wenn ich auch die Botschaft noch nicht entschlüsselte. „Kehr um!" Dabei: Einen anderen Druck *wollte* ich ja wirken lassen als den, in den der reine Überlebenskampf, das Konkurrenzdenken des „Besser, Höher, Schneller", die Menschen hineintrieb.

Das Gewissen! Es ist das erste, das aufwachen muss. Der Heilige Geist bewirkt es. Es muss in diese Enge treiben, die Unausweichlichkeit der BEIDEN Wege, die es **ausschließlich** gibt. Wir müssen GOTT suchen und (wieder)finden, um vor IHM zu bestehen. Wir müssen uns IHM aussetzen, SEINEM WORT, um zu erkennen, wie unwürdig wir sind. Dass wir ohne IHN nichts sind, schafft uns Klarheit darüber, wie sehr wir IHN und NUR IHN brauchen! Das Gewissen ist sozusagen der Antrieb. Der Heilige Geist ist es, der uns überführt; er ist zugleich Tröster, Lehrer und Fürsprecher bei Gott.

All dieses, das mir durch den Kopf geht Tag für Tag: Es steht geschrieben! Schwarz auf weiß. Warum liest es fast keiner? – Im „Alltag" scheint Gott „nicht nötig" zu sein. In der Not wird uns Gottes Gegenwart oft erst bewusst. Wir dürfen Gott aber jederzeit darum bitten, dass der Heilige Geist in unseren Herzen diesen Drang nach dem Wort bewirkt, unseren Wunsch weckt, IHM unser Leben zu übergeben. Die daraus folgende Befreiung wird und wurde von vielen erlebt und als ein großes, ja das größtmögliche Wunder erfahren!

Nicht nur, wie es war und ist, auch wie es sein wird, wie sich in unserer Zukunft alles abspielen wird, auch das lässt sich im WORT GOTTES nachlesen! Stattdessen werden Gegenargumente bis zum Verdruss gesucht, Abhandlungen, die gegen GOTT sprechen, genauestens studiert, um IHN zu widerlegen. Wer dies tut, entgeht gar nichts. Nichts von dem, was er eigenwillig verhindern will, indem er es einfach negiert. Wir leben in einer Zeit, die die Menschheit unaufhaltsam hineinzieht in die Ereignisse, die in der Bibel lebendig beschrieben stehen, die den meisten Menschen nicht nur so fern erscheinen, sondern überhaupt nicht für sie existieren. Sie leben tatsächlich – inmitten von all dem Irrsinn - einfach *so*. Sie leben, wie sie denken, leben zu müssen, wollen sie Ärger vermeiden. Dass sie ihn so doch niemals beherrschen, werden sie hoffentlich nicht erst, wenn es zu spät ist, bemerken.

Ich will eigentlich nur in Ruhe mein Leben leben und kann auf alles, was mich dabei stört, verzichten.

Ich glaube, ich habe ein Recht darauf.

Das Glaubensbekenntnis der meisten.

Ach, mögen die Menschen aufwachen! Mögen sie in das *wahre* Leben eintauchen. Mögen sie erkennen, dass sie das Recht auf sehr sehr viel mehr als ein ungestörtes irdisches Leben haben! Das Recht auf GOTTESKINDSCHAFT liegt für JEDEN bereit! ALLE sind Anwärter, die geliebten Kinder des lebendigen GOTTES zu sein. Ach, mögen noch viele zur großen Gnade, zur Opfertat unseres HERRN durchstoßen, die ihnen das ewige Leben beschert.

Darum ist es mir wichtig, die feinen Nuancen zu finden, die alles, was mit GOTT zusammenhängt, aber viel mehr alles, was die Welt von GOTT trennt, zusammenfassen. Die die Brisanz vermitteln, dass, von GOTT getrennt zu sein, es ist, was Ärger, ja Ärger unvorstellbaren Ausmaßes mit sich bringen wird. Ärger in alle Ewigkeit.

Verdammnis *Ärger* zu nennen, ist milde gesagt.

Worauf ich jedoch hinauswill, soll Hoffnung schenken: Es ist *vermeidbarer* Ärger.

Aus dieser Hoffnung kann – auch für Dich – Gewissheit werden. Heilsgewissheit.

EIN DRINGLICH ZIEMLICH LANGER BRIEF

Meistens, wenn ich zu schreiben beginne, soll es nur ein Brief werden. Es wird meistens ein sehr langer Brief. Er wird meistens zu lang, um ihn noch einen Brief nennen zu können. Es sind evangelisierende Briefe an meine Lieben, an meine Freunde, an fast Unbekannte, die meinen Weg kreuzten. An Menschen, die mir aus früheren Bekanntschaften spontan einfallen. Meistens fangen meine Briefe so an:

Ich kann mit meinen Aufrufen manchmal

"lästig" werden. Das ist sogar meine Absicht.

Wie es sich damit genau verhält, dazu muss ich etwas weiter ausholen.

Man sagt immer "die Hoffnung stirbt zuletzt" und das trifft in dem Fall auf mich zu,

beziehungsweise steckt es hinter meiner, ich nenne es mal positiv "Hartnäckigkeit". Biblisch gesehen, verhält es sich so:

Verkündige das Wort, tritt dafür ein, es sei gelegen oder ungelegen, überführe, tadle, ermahne mit aller Langmut und Belehrung.

2. Timotheus 4, 2

AUF DEN PUNKT GEBRACHT

Ich möchte meine, von Gottes Wirken beeindruckte Denkweise, der meine Aufklärung entspringt, so gut offenlegen, dass sie Interesse auslöst für den, für alle Menschen entscheidenden Blickwinkel. Auf JESUS CHRISTUS hin. Als jemand, die mit Abstand der Welt gegenübersteht, da sie mir nie Heimat war, weltlichen Einfluss auf wichtige Lebensthemen hinterfragend. So ging ich auch den gängigen Meinungen über die Bibel nach und dem, der sich in den Verstand der Menschen einloggt, sie negativ über die Wahrheit zu beeinflussen. Es ist der Widersacher, der Feind GOTTES.

„Wie kommen Meinungen zustande?", hat mich schon immer interessiert. Nie habe ich etwas einfach unhinterfragt übernommen.

Seit ich denken kann, hielt ich nach einem gültigen Parameter Ausschau, einem verbindlichen Ausgangspunkt. Der freilich wechseln konnte; denn früher hatte ich die Bibel ähnlich gesehen wie es dem Feind GOTTES gefällt, ähnlich, wie Du (Ihr) vielleicht auch. Ich hätte hinter den gängigen Meinungen über sie, sie sei nicht „wahr", sie sei nicht wörtlich zu verstehen, niemals die Einflüsterungen Satans vermutet, der sie uns „madig" machen will; mit Argumenten uns von ihr abbringen will, etwa: um „uns selbst treu zu bleiben" und ähnlich wohlklingendem, das Ego streichelnden Quatsch; früher, da dachte auch ich, es lässt sich Wahrheit daran bemessen, dass etwas sich für uns (unser kleines Ich) „stimmig" anfühlt. Stimmigkeit aber kommt oft nur heraus, wenn wir Nachsicht allen wie auch immer gearteten Richtungen und Erscheinungen gegenüber walten lassen, indem wir alles, wirklich alles, unter einen Hut packen. Außen vor – unerkannt – bleibt dann nur leider „die Wahrheit!" Ihr Unrecht zu tun, tut anscheinend nicht weh. Gut, wenn genau dies, die Unterdrückung der Wahrheit, zu schmerzen beginnt.

Vorweg eines: Denke nicht, dass die Wahrheit lautet, getauft zu sein, konfirmiert, gelegentlicher Kirchenbesuch, genügt, Dir das ewige Leben zu sichern! JESUS CHRISTUS sagte von sich selbst:

Ich bin der Weg und die Wahrheit und das Leben.

Johannes 14, 6

Nein, es genügt nicht, dies gehört zu haben. Ein Weg ist dazu da, ihn zu gehen, die Wahrheit dazu, sie kennenzulernen und anzunehmen und das Leben steht nur dem offen, der durch die Wiedergeburt anerkennt und annimmt, dass JESUS CHRISTUS für ihn den Tod (die Sünde) besiegte.

Wahrlich, wahrlich, ich sage dir, wenn jemand nicht von neuem geboren wird, kann er das Reich GOTTES nicht sehen.

Johannes 3, 3

GUTMENSCHENTUM

Zweifellos, also ohne jeden Zweifel an sich selbst, halten sich viele Menschen für „gut". Oder zumindest für „hinreichend gut". Diese Meinung entbindet sie davon, GOTT zu „brauchen". So, denken sie, sind sie „fein raus". Nie würden sie sich als Gottesleugner bezeichnen, was sie aber sind.

Ungeahnte Schwierigkeit wächst da heraus, dass wir in einer Atmosphäre des „von sich selbst Überzeugtseins" erzogen wurden; dazu angehalten, allen Wert *in und auf* unsere eigene Meinung und Ansicht und in die eigene Kraft zu legen. Das ist gutmenschliches Denken, also dasjenige Denken, das nichts Höheres anerkennen will und gar meint, Gott müsste doch eigentlich unseren wunderbaren guten Willen anerkennen und dass wir nichts auf dem Kerbholz haben, da wir ja so vehement für "alle Benachteiligten, also für das Gute" eintreten. Tun wir denn „Böses?" - Nein! Wir sind freundliche, nachsichtige Menschen und unseren Feinden gegenüber „gerecht", indem wir sie verurteilen und ausgrenzen. (Gutmenschen, auch und vor allem gutmenschliche Namenschristen, haben immer einen bestimmten dunklen Raum für sogenannte schwarze Schafe reserviert. Diese sind sozusagen ihre Visitenkarte und Zeugen dafür, selbst „sauber" zu sein.)

Wir sind ganz empört, wenn uns gesagt wird, dass „gut zu sein" nicht ausreichen soll, uns das ewige Leben zu sichern, (von dem, was nach dem Tod sein wird, wir, wenn überhaupt eine, nur eine verschwommene Vorstellung haben), und wollen weiterhin selbst unserer eigenen Gerechtigkeit eifrig Genüge tun.

Was, die Bibel soll wahr sein? - Das kann nicht sein. Hast Du mal gesehen, was da drin alles der Logik widerspricht? - Also, das sind nur Geschichten und das von der Hölle ist bloß ein Märchen. So schlimm kann

Gott gar nicht sein, dass er die, die er an anderer Stelle vorgibt zu lieben,
dem ewigen Tod, der Verdammnis überlässt.

Der "Knopf" geht auf, wenn wir erkennen, dass GOTTES DEN-
KEN dadurch, dass er Regeln für Gerechtigkeit aufgestellt hat, die
JEDER einhalten kann, indem er sich zu IHM bekennt, noch viel gnä-
diger ist, als wir es mit unserem Verstand allein erfassen könnten.
Und wir müssen erschrocken einsehen, dass gar wir selbst nur unter
diesen bestimmten Bedingungen zu GOTT gelangen können.

Wir tun das schon, indem wir für uns und andere eigene Regeln
aufstellen, GOTT aber nimmt keinen einzigen aus seiner Gnade aus!
Alle umfasst er in dem einen Raum des bekennenden und tätigen
Glaubens an IHN.

Wer unter dem Schirm des Höchsten sitzt,

Der bleibt unter dem Schatten des Allmächtigen.

Ich sage zu dem HERRN: Meine Zuflucht und meine Burg,

Mein Gott, auf den ich traue.

Psalm 91, 1.2

Wir lernen: Wir allein vermögen nichts! Eigenmächtiges wird uns
nicht als „gut" angerechnet. Es sind „tote Werke". Wir können uns,

mit noch so gut scheinenden Werken, das Himmelreich nicht „verdienen". Wir brauchen JESUS CHRISTUS, der, weil unschuldig für unsere Sünden gestorben, uns vor Gott rechtfertigte und der, ab dem Moment der Umkehr, unser Tun bestimmt.

ER erwartet "nur", dass wir an IHN glauben, umkehren, und so zur Wiedergeburt durchdringen können, damit wir errettet sind. Glauben heißt, dass wir das, was wir NICHT sehen, für wahr halten; also das, was ER uns sagt, über das stellen, was wir so denken und was die sichtbare Welt und menschliche Vernunft und unser altes, gewohntes Selbst- und Gottesbild uns so nahelegt.

Und der Friede Gottes, der allen Verstand übersteigt, wird eure Herzen und eure Gedanken bewahren in Christus Jesus!

Philipper 4, 7

Doch wir (Dummchen), sagen, "nein, ich glaube erst, wenn GOTT so ist, wie ich es mir ausmale! Er soll sich gefälligst nach mir richten! Ich werde also weiterhin nach meinem eigenen Dafürhalten leben - dann wird GOTT es schon einsehen müssen, dass ICH rechthabe! Nein, unter SEIN Wort mich zu beugen, das sehe ich nicht ein, das will ich nicht!"

Oder aber wir gehören in diese gutmenschliche Kategorie: „Ich werde weiterhin ALLES gleichermaßen gutheißen, mit meiner grenzenlosen Toleranz werde ich mir das Himmelreich sichern." Dass dies Opportunismus ist, dass JESUS diejenigen „lauwarm" nennt, die er aus seinem Munde ausspucken wird, bleibt uns mit dieser Einstellung verborgen. Wir denken, wir bedürften ja keinerlei Anleitung, tun alles „richtig" aus eigenem Gutdünken. Unterscheidungsfähigkeit zwischen GEIST und Fleisch hat in unserer gutmenschlichen Illusion keinen Platz. Nur: So ein Denken hält uns blöderweise davon ab, mal in den Inhalt der Bibel einzutauchen, beziehungsweise *vorbehaltlos* einzutauchen. Dort steht ja alles so geschrieben, dass sich uns, so wir in Geist und Wahrheit lesen, vollkommen eröffnet, was Gott von uns, beziehungsweise für uns will. ER sich uns also offenbart in SEINEM Wort, das wir uns deswegen nicht einfach sparen können. Was offenbart ER uns?:

SEINEN PLAN als einen vollkommenen, der nicht einen einzigen Menschen benachteiligt. JEDER, wirklich JEDER, kann errettet werden. Er muss nur in die Rettung einwilligen. Und IHM nachfolgen. Die Nachfolge bedeutet, sich GOTTES WILLEN in allen Belangen so zu beugen, wie, dem Stand unserer inneren Verwandlung nach, unser neuer Ratgeber und Lehrer, von Wiedergeburt an verbindlich auf uns einwirkend, der Heilige Geist, es uns vorgibt.

Bedingung für das Verständnis, welches übrigens auch bereits mit Hilfe des Heiligen Geistes eingeleitet und unterstützt wird, da es ja die eigene „Vernunft" übersteigt:

Aufzugeben zu denken, man wäre „klüger" als Gott und täte Gott bereits Genüge mit guten Werken.

Aufzuhören, sich selbst für "gut" zu halten, oder zu denken, man könne es mittels eigener Anstrengung jemals werden.

Einsehen, dass dies Selbstgerechtigkeit ist, die niemals ausreicht, dass dir einst Gottes Gericht erspart bliebe. Sich selbst für gerecht halten bedeutet, sich selbst zu ehren, nicht GOTT!

Anerkennen: Der Glaube ist die Voraussetzung für Errettung, er allein rettet und jedes Werk, aus diesem heraus getan, ehrt GOTT und nicht einen selbst.

Fazit: So müssen wir denn glauben UND Gutes tun!, damit unsere Werke nicht tot genannt werden von GOTT! Sonst, für so gut Du Dich auch selbst hältst, wirst Du einst verloren sein.

Sei herzlich gegrüßt und lasse Dich bestärken darin, dass es genau richtig ist, an JESUS CHRISTUS, an GOTT zu glauben. Manchmal denkt man, "ach, das wäre ja zu schön, um wahr zu sein!", - Aber diesmal IST es wahr! Glaube fest daran!

WIR ALLE SIND SÜNDER

Denn alle haben gesündigt und verfehlen die Herrlichkeit, die sie vor Gott haben sollten, sodass sie ohne Verdienst gerechtfertigt werden durch seine Gnade aufgrund der Erlösung, die in Christus Jesus ist.

Römer 3, 23.24

KEINE FAULEN KOMPROMISSE, SEI EINDEUTIG FÜR GOTT

Niemand kann zwei Herren dienen: entweder er wird den einen hassen und den anderen lieben, oder er wird dem einen anhangen und den andern verachten. Ihr könnt nicht GOTT dienen und dem Mammon (der Welt).

Matthäus 6, 24

DIE „WELT" -, DAS SIND DIE SORGEN, DIE AN AUSSCHLIESSLICH WELTLICHE LÖSUNGEN GLAUBEN MACHEN

Deshalb sage ich euch: Seid nicht besorgt für euer Leben, was ihr essen und was ihr trinken sollt, noch für euren Leib, was ihr anziehen sollt! Ist nicht das Leben mehr als die Speise und der Leib mehr als die Kleidung?

Matthäus 6, 25

VERTRAUE DEM HERRN BEDINGUNGSLOS

Seht hin auf die Vögel des Himmels, dass sie weder säen noch ernten noch in Scheunen sammeln, und euer himmlischer Vater ernährt sie (doch).

Matthäus 6, 26

LASSE DIR KEINE ANGST EINREDEN, AL-LEIN DER HERR BESTIMMT ÜBER DEIN LEBEN UND DEINEN TOD

Wer aber unter euch kann mit Sorgen seiner Lebenslänge eine Elle zusetzen?

Matthäus 6, 27

BEKRÄFTIGUNG

Sorgt euch um nichts, sondern in allem lasst durch Gebet und Flehen mit Danksagung eure Anliegen vor Gott kundwerden.

Philipper 4, 6

LEGE KEIN GEWICHT AUF DIESE DINGE:

Darum sollt ihr nicht sorgen und sagen: Was werden wir essen, was werden wir trinken, womit werden wir uns kleiden?

Matthäus 6, 31

DENN: DER HERR SORGT FÜR DICH

Nach solchem allen trachten die Heiden. Denn euer himmlischer Vater weiß, dass ihr des alles bedürft.

Matthäus 6, 32

SETZE GOTT IN DEINEM LEBEN AN ERSTE STELLE UND NICHT DIE DINGE, DERER DU BEDARFST ODER VON DENEN DU DENKST, SIE ZUERST TUN ZU MÜSSEN. SO JEMAND DICH DAVON ABHÄLT, ZEIT MIT IHM ZU VERBRINGEN, IST ES SATAN. ER BEEINFLUSST SOGAR DEINE GEDANKEN, DIE DU FÜR DEINE EIGENEN HÄLTST.

Trachtet zum ersten nach dem Reich Gottes und nach seiner Gerechtigkeit, so wird euch solches alles zufallen.

Matthäus 6, 33

FÜRCHTE DICH NICHT VOR DER ZUKUNFT

Darum sorget nicht für den andern Morgen; denn der morgende Tag wird für das Seine sorgen. Es ist genug, dass ein jeglicher Tag seine eigene Plage habe.

Matthäus 6, 34

HARMONIESUCHT

Sie ist auch aus der gutmenschlichen Sparte. Sie resultiert aus der Einstellung, „bloß nichts und niemanden benachteiligen. Alles muss gleich richtig sein, etcetera", - diese Weltsicht kenne ich zu gut. In ihr wuchs ich auf. Diese Meinung kennt keine größere Wahrheit als die der eigenen „Harmoniesucht". Harmoniesucht ist gar nicht so schön, wie sie sich gibt. Sie entspringt einer tiefen Angst. Es ist die Sucht, alles, egal, was passiert, was einem entgegentritt, mittels dieser „Masche" unter Kontrolle zu halten. Alles soll so bleiben, wie es ist, so wie man es sich vorstellt: störungsfrei. Man hat alles „im Griff", solange man sich JEDEN, der *in der Welt* zählt, zum Freund macht. Auf jeden Fall aber die, die *eigentlich* echte Feinde sind. Man „liebdienert" Menschen, die einem nicht guttun. Um des lieben Friedens willen oder eines anderen Gewinns wegen. So trickreich, so, „Täter- und Opferrollen verkehrend" denkt man. Es kann und darf sozusagen nichts geben, das einen „umhaut". Man wird zum „Opportunisten mit Stockholmsydrom". Halt, nein. Ich lasse den Psychojargon sein. Er reicht einfach nicht aus, jemanden ins **wirkliche** Leben zu bringen. Das wirkliche Leben ist das Leben in Christus Jesus, unserem HERRN.

ES GIBT NUR EINEN WEG

Erst JESUS CHRISTUS, seine persönliche Offenbarung in meinem Leben, schaffte es. Er „haute mich um". Im guten Sinne. ER zerbrach jedwede meiner kleinkarierten Ansichten, die dem Menschen das Zepter in die Hand drückt. Ihm Allmacht zuspricht.

ER sagt: Es gibt nur EINEN WEG!, MICH!

„Ich muss also aussortieren." Das wurde mir schlagartig klar. *„Ich muss mich verändern lassen. Ich muss mich nach DEMJENIGEN ausrichten, der ganz oben steht! GOTT muss der Maßstab – auch für mich – sein!"*

Und so wurde ER ALLES für mich! Die persönliche Beziehung zu JESUS CHRISTUS beherrscht mein Leben. AMEN

Nein, danke oder JA, BITTE

Ich weiß, wie Evangelisation ankommt, vor allem bei Menschen, die denken, wie ich früher dachte, sie wüssten schon alles über dieses wichtigste Thema „Glauben". Die heilsbringende persönliche Beziehung mit JESUS CHRISTUS, von der in der Bibel die Rede ist, kommt in ihrem Denken aber nicht vor. Dass diese allein rettend ist, wissen nur wenige. Dabei ist es so logisch, dass man sich eigentlich fragen muss, wie es sein kann, dass man nicht eher darauf stieß: Wenn man krank ist, hilft auch nur eine bestimmte Medizin. Auf eine andere zu vertrauen, kann sogar tödlich sein. Oder am Beispiel Autofahren: Man muss sich an bestimmte Regeln halten, sonst geht es tödlich aus.

Erst recht, wenn es um die wichtigste aller Fragen geht: Was kommt nach dem Tod? Lebt man weiter? Ist alles vorbei? Oder gibt es wirklich das ewige Leben? Wovon geht Gefahr für das ewige Leben aus? Man kann und sollte mehr darüber wissen. Man kann und sollte zum Beispiel alles über Irrlehren wissen und dass sie in die ewige Verdammnis führen. In den zweiten Tod.

Es ist außerordentlich dringend, dass Menschen sich ihren Standort auf dem eigenen Lebensweg bewusst machen und sich eingestehen, worauf sie zusteuern. Nur die Wahrheit macht frei.

In Kapitel 20 der Offenbarung, Vers 11-15, erfahren wir, was uns – und zwar ausnahmslos JEDEM MENSCHEN – bevorsteht:

Und ich sah einen großen weißen Thron und den, der darauf saß; vor seinem Angesicht flohen die Erde und der Himmel, und es wurde kein Platz für sie gefunden. Und ich sah die Toten, Kleine und Große, vor Gott stehen, und es wurden Bücher geöffnet, und ein anderes Buch wurde geöffnet, das ist das Buch des Lebens; und die Toten wurden gerichtet gemäß ihren Werken, entsprechend dem, was in den Büchern geschrieben stand. Und das Meer gab die Toten heraus, die in ihm waren, und der Tod und das Totenreich gaben die Toten heraus, die in ihnen waren; und sie wurden gerichtet, ein jeder nach seinen Werken. Und der Tod und das Totenreich wurden in den Feuersee geworfen. Das ist der zweite Tod. Und wenn jemand nicht im Buch des Lebens eingeschrieben gefunden wurde, so wurde er in den Feuersee geworfen.

Diese Bibelstelle zeigt uns auf, dass es für jeden Menschen an der Zeit ist, aus den zwei Möglichkeiten, die uns Menschen Kraft unseres freien Willens offenstehen, die richtige zu wählen.

NUR JESUS

Man sollte unbedingt wissen wollen, dass **nur** JESUS LEBEN bedeutet.

Man MUSS wissen, dass Katholizismus und auch andere Richtungen, okkult sind. Okkult bedeutet in seiner Wirkung auf uns: TÖDLICH! Gelinde gesagt, ist es Götzendienst. Sie sind eben genau die angekündigten Irrlehren. Zeichen von Irrlehren ist es, wenn sie NICHT der Bibel folgen, sondern eigene Kulte entwickeln. Und das Seelenheil davon abhängig machen, wovon es NICHT IM ENTFERNTESTEN abhängt. Sie lehren Irrtümer, die in die ewige Verdammnis führen!

Das Wort GOTTES als Ganzes, genügt! Es ist genau das, was wir brauchen. Es ist der vom Heiligen Geist eingegebene Wille Gottes.

Und doch wird vielerorts etwas hinzugefügt oder weggenommen und somit verzerrt.

Schon im Alten Testament heißt es:

Ihr sollt nichts hinzufügen zu dem Wort, das ich euch gebiete, und sollt auch nichts davon wegnehmen, damit ihr die Gebote des HERRN,

eures Gottes, haltet, die ich euch gebiete. 5. Mose 4, 2

Im Neuen Testament, in Offenbarung 22, 18.19, lesen wir:

Fürwahr, ich bezeuge jedem, der die Worte der Weissagung dieses Buches hört: Wenn jemand etwas zu diesen Dingen hinzufügt, so wird Gott ihm die Plagen zufügen, von denen in diesem Buch geschrieben steht;

und wenn jemand etwas wegnimmt von den Worten des Buches dieser Weissagung, so wird Gott wegnehmen seinen Teil vom Buch des Lebens und von der heiligen Stadt, und von den Dingen, die in diesem Buch geschrieben stehen.

Obwohl alles glasklar aus GOTTES Wort direkt hervorgeht, denken viele im Maßstab der „Vielen". *Wenn so viele Katholiken sind, oder Anhänger anderer Lehren, gar Atheisten sind, dann können sie doch nicht alle falsch liegen!*

Was können wir aber darüber aus der Bibel erfahren? - Wo VIELE hinterherrennen, ist die Wahrheit bestimmt nicht. Denn es steht geschrieben:

Denn die Pforte ist weit und der Weg ist breit, der ins Verderben führt; und viele sind es, die da hineingehen. Denn die Pforte ist eng und der Weg ist schmal, der zum Leben führt; und wenige sind es, die ihn finden.

Matthäus 7, 13.14

WAHR UND PRÄGNANT

Wenn es zwei Wege gibt, lässt sich da heraus schließen, den Teufel gibt es also. Er möchte (wie könnte es anders sein), Menschen (die VIELEN!) mit sich in den Abgrund reißen. Anfällig sind nicht nur, aber auch und vor allem Menschen, die denken, „gut zu sein", genügte. „Gut" bedeutet unter anderem für sie, gute Werke zu tun; freundlich zu sein; Menschenliebe zu leben. Selbstgemachte, gutmenschliche Konzepte zu erfüllen, wie JEDEM dasselbe Verständnis entgegenzubringen im Sinne, auch das, was **er** denkt „gutzuheißen", gleich gültig gestellt den höheren Maßstäben.

Jedoch hat GUTSEIN nur einen positiven Effekt, wenn es JESUS CHRISTUS, also GOTT, zum Mittelpunkt hat. Alles existiert und geschieht und kann auch nur deswegen getan werden, weil GOTT es so will. Alles, unser ganzes Leben, muss zur Ehre GOTTES gereichen und dies ganz bewusst. Alles andere sind „tote Werke".

Wir können – ohne verheerende Auswirkung auf das ewige Leben – nicht einfach eigene Regeln aufstellen, anstatt GOTTES Willen zu folgen. Davon steht kein Wort in der Bibel, im Gegenteil. Zum Beispiel Ernährung betreffend, sollen wir uns nicht so sehr darum sorgen, was in den Mund hineingeht, vielmehr besorgt sein darum, was aus ihm hervorkommt. Wir dürfen also Fleisch essen oder auch nicht; aber, selbstgemachten Idealen wie einer Religion zu folgen, mögen sie noch so gut aussehen, beeindruckt GOTT nicht. Sie machen uns keinen Deut besser oder gar gerechter. Sie sind nutzlose Pappschildchen, die, umgehängt, uns als „gut" seiend ausweisen sollen.

Es ist aber das Prinzip Satans, dieses „Tue, was du willst", dem damit gefolgt wird und nicht GOTT.

VERFÜHRUNG DURCH VERLOCKENDE „EIGENMACHT"

Guten Glaubens also und keineswegs zweifelnd an der Richtigkeit dessen, was sie annehmen und leben, gehen sehr viele frohgemut und selbstsicher auf ihr Verderben zu. Ihre Meinung nicht zu ändern, das nennen sie „authentisch zu sein" und sind stolz darauf. Sie halten es für Stärke. Doch es wird GOTT jede selbstherrliche Stärke eines Tages brechen. Es wird – spätestens - der Tag sein, an dem JEDER, ausnahmslos JEDER, angesichts SEINER HERRLICHKEIT die Wahrheit erkennt. Dann wird es aber für eine Umkehr zu spät sein.

Wahr ist nicht, was wir uns wünschen, dass es so wäre, sondern das, was in der Bibel geschrieben steht: JEDER Mensch ist in den

Augen GOTTES ein Sünder! Und könnte als ein solcher niemals zum Vater, in das ewige Leben, gelangen. Jedem Menschen steht aber das Heil offen, indem er sich von JESUS CHRISTUS reinwaschen lässt.

Ich lege Dir dringend GOTTES EINLADUNG ans Herz:

Nutze die Gnadenzeit! Noch herrscht sie.

Nicht grundlos also dem Eigenwillen gegenüber steht unverrückbar das – auch von Namenschristen gesprochene - Vaterunser:

DEIN WILLE GESCHEHE.

Um dieser Vorgabe, hoffentlich rechtzeitig, Genüge zu tun, müssen so manche Meinungen als menschengemacht erkannt werden und fallen.

OHREN ZU HÖREN

Die braucht jeder Mensch! Dies ist es, was ich mit Eifer zu vermitteln versuch(t)e. Bitte IHN um den Heiligen Geist! Durch ihn verstehst Du die Bibel. Lasse Dich von ihr beeinflussen. Auf diese allein verweise ich. Nicht auf mich! Es ist SEIN Wort und nicht bloß Menschenmeinung. Was Du dem auch immer, aus anscheinend „eigenem" Denken entgegenstellst, hält vor GOTTES WORT nicht stand.

(Ja, ich bin IMMER so eindringlich und zu JEDEM. Liebe hat für mich einen hohen Stellenwert und umso mehr, als ich zu JESUS fand; - es ist, was mir und anderen geschah, vergleichbar dem berühmten Vorhang, der plötzlich reißt und einen wünschen lässt, alle, die man liebt, hätten dieselbe Erfahrung eines erneuerten Herzens und wären damit gerettet).

Ich verstehe durchaus, dass man damit auf taube Ohren stößt, denn taub war ich selbst einmal. Es heißt aber, dass es ein JEDER versteht, der „OHREN HAT ZU HÖREN UND AUGEN ZU SEHEN".

Bete darum!, dass Du den Heiligen Geist, ein neues, ungeteiltes Herz, bekommen mögest. Dann wirst auch DU verstehen; auch verstehen, dass Deine Rettung nicht von „Verstehen" abhängt; sondern von bedingungsloser Annahme vom und Folgen dem Wort Gottes.

DAS ZIEL NICHT VERFEHLEN

Demnach kommt der Glaube aus der Verkündigung, die Verkündigung aber aus Gottes Wort:

Aber ich frage: Haben sie es etwa nicht gehört? Doch, ja! „Ihr Schall ist ausgegangen über die ganze Erde, und ihre Worte bis ans Ende des Erdkreises."

Römer 10, 17.18

Dass gute Predigten dabei helfen, die Blickrichtung entscheidend zu wechseln, weiß ich aus Erfahrung. Weswegen ich auf solche hinwies und verweise. Was Gott anbelangt, ist es keine gute Idee, bei seiner althergebrachten Meinung zu bleiben. Man sollte stets daran denken, dass Meinungen oftmals nicht eigener Prüfung, sondern vielfältiger, unerkannter Manipulation entspringen. JEMAND – und am allerletzten man selbst, zieht langfristig einen Vorteil daraus. Vielen sind die Hintergründe, auf denen die „Ordnung" der Welt basiert, einfach zu wenig bekannt. Da diese (Ordnung) den meisten „Rechtschaffenen" ganz und gar nicht gefallen würde, werden Versuche, sie kennenzulernen, ja auch sofort abgewürgt. Wer verunglimpflicht wird, wenn er den Dingen auf den Grund geht, hört gerne wieder mit der Wahrheitssuche auf. Somit stellt man sicher, dass – im wahrsten Sinne des Wortes -, dem Teufel nichts in die Quere kommt. Man unterdrückt das Evangelium, das die Wahrheit verkündet, wo es nur geht. Warum? Man möchte die Menschen umorientieren; genauer gesagt: DESORIENTIEREN. Wie? - Indem man sie von GOTT abkoppelt; vom sicheren Halt. Die Menschen sollen draufgebracht werden, dass ALLES vom Menschen selbst abhängt. Satan winkt mit Belohnungen! Das läuft schon ganz lange so. Doch ob so oder so, ob man diese oder jene Seite betrachtet, ALLES läuft auf ein bestimmtes Ziel hin:

DIE SEELENERNTE

Ja - die Seelenernte ist es, worauf alles hinausläuft. Und es gibt ZWEI, die ihre Frucht einbringen wollen. Satan und GOTT. Es stimmt also! Ein geistlicher Kampf tobt um unsere Seelen. Und Menschen bringen sich - irrtümlicherweise - fleischlich ein. (Zerfleischen sich beispielsweise über der Frage, Maskenpflicht ja oder nein.)

Was wir jedoch brauchen ist die geistliche Waffenrüstung GOTTES. Voran den GLAUBEN! Unterschätzen wir es nicht!: Wir leben in der Endzeit.

Endzeit ist: Drangsalzeit.

Werde und sei wach! - Werden wir nicht bereits in Kleinstverhaltensweisen drangsaliert? Kontrolliert?, - etwa über körperliche Funktionen reguliert? - Es wird schlimmer werden. Oh ja. Wir sollen soweit gebracht werden, dem Teufel zuzustimmen. Ihn anzubeten. Dazu wird all dieser Druck ausgeübt. Damit wir JA sagen zu dem, was in der Bibel „Das Malzeichen des Tieres" genannt wird. Dann sind wir verloren! Wir werden nur siegen, wenn wir uns JESUS CHRISTUS anschließen. Denn ER hat - auf Golgatha - sogar bereits gesiegt. Und wir -, so wir IHM angehören -, mit IHM!

NUR E R RETTET

Wer sich aber mit Hintergründen, auch und vor allem der Glaubensangebote, befasst hat und von deren Betreibern und Motiven einen Schrecken davontrug, weiß, wie wichtig der FELS in der Brandung ist! Und es gibt IHN!: JESUS CHRISTUS. ER hilft uns zu widerstehen.

Die Wahrheit, - (ja, es mag fundamentalistisch klingen, aber ohne Fundament lässt sich nicht nur materiell, sondern auch geistlich nix Haltbares aufbauen) -

steht nur und allein in der (unverfälschten!) Bibel.

Jesus spricht zu ihm: Ich bin der Weg und die Wahrheit und das Leben; niemand kommt zum Vater denn durch mich. Johannes 14, 6

MEINE Worte bewirken nichts. Alle Kraft kommt von GOTT und ER ist es auch, der Menschen zu sich zieht. Es steht ihnen aber frei, den Ruf zu hören oder ihn abzutun.

Sie sind von der Welt; darum reden sie von der Welt, und die Welt hört auf sie.

1. Johannes 4, 5

Wir sind aus Gott. Wer Gott erkennt, hört auf uns; wer nicht aus Gott ist, hört nicht auf uns: Daran erkennen wir den Geist der Wahrheit und den Geist des Irrtums.

I. Johannes 4, 6

Jeder nun, der sich zu mir bekennt vor den Menschen, zu dem werde auch ich mich bekennen vor meinem Vater im Himmel;

Wer mich aber verleugnet vor den Menschen, den werde auch ich verleugnen vor meinem Vater im Himmel.

Matthäus 10, 32.33

ZEUGNIS

Am Anfang stand die Anklage, die vehement rüttelte, an meinem Gewissen. Etwas war anders. Es ging nicht allein um Verstöße oder Ungerechtigkeiten gegen Menschen. Glasklar wurden mir meine Verstöße gegen GOTT vor Augen geführt. Was mich im, in mir tobenden, Sturm festhielt und stützte, war Wahrheitsliebe. Die Liebe zu JESUS. Mir war plötzlich klar, dass **ER** wahr ist:

Ja, ich glaube an DICH!

Ich glaube an JESUS CHRISTUS und was er für uns Menschen tat!

Es ging mit diesem Bekenntnis einher das Verlangen, die Sehnsucht, vor IHM bestehen zu können. Dies geht nur durch Schuldeingeständnis, Reue, den Schrei nach Vergebung.

Der Ruf, der danach an mich erging, war zu machtvoll, zu sehr von einer überirdischen Liebe, einer Liebe, die irdische Ängste und Schuld fortnahm, erfüllt, als dass ich ihr hätte widerstehen mögen. Ja, ich konnte es nicht. Ich wurde förmlich überflutet von ihr. Mir war klar: In ihr bin ich geborgen, in ihr möchte ich leben und für immer bleiben.

Es ist ein wundervolles, mit nichts vergleichbares Gefühl, frei von der Sünde zu sein! Ein GOTTESKIND!

Und ich will diese Chance, die ich aus Gnade bekam, die für jeden besteht, weitertragen. Das ist letztlich ja der Sinn dieser Botschaft, der Auftrag, der mit ihr einhergeht, die milliardenfach abgewertet wird, weil man „sein Ding machen will". Nein, nichts ist falscher als das. Durchs Leben gehen, als gäbe es GOTT nicht und es nicht einmal zu bemerken.

MEINE STÄNDIGEN AUFRUFE SIND ERMAH-NUNGEN

Bitte, wechselt die Richtung. Nehmt nur und ausschließlich JE-SUS CHRISTUS an. Trennt Euch von allem, das Euch an Institutionen und Kulte, an Esoterik, an Humanismus und Psychologie bindet. Auch Atheismus ist des Teufels, sowie jedwede Religion. Das Christentum ist keine Religion. Es ist die Wahrheit. Es bringt das Heil. Was Ihr gewinnt, so Ihr umkehrt, ist ein Vielfaches wertvoller. Denkt nicht daran, was Ihr verliert, wenn Ihr okkulte Praktiken aufgebt, (manche verdienen ihren Lebensunterhalt damit) -, ja, Astrologie, Räuchern, Yoga, Reiki, Homöopathie, NLP, Anthroposophie, Selbstfindungsprogramme -, gehören nebst vielem unerkannt dazu! Sondern überlasst Euch JESUS CHRISTUS, der Euch SEINEN Weg aufzeigen wird. ER macht Euch NEU! SEIN Weg ist viel schöner und felsenfest sicher. ER ist der Weg, die Wahrheit und das LEBEN! ER macht Euch frei.

Alles andere führt in den Tod.

JESUS antwortete und sprach zu ihm: Wahrlich, wahrlich, ich sage dir, wenn jemand nicht von neuem geboren wird, kann er das Reich GOTTES nicht sehen.

Johannes 3, 3

PRÜFE

Es ist also von allergrößter Wichtigkeit, diese Worte ernst zu nehmen und zu überprüfen, ob man „neu geboren" ist, also durch GOTTES Geist die zweite Geburt erfahren hat oder nicht. Diese zweite Geburt hat unverwechselbare Merkmale. Sie bringt unter anderem das brennende Interesse daran, die GUTE BOTSCHAFT weiterzugeben. Warum? - Weil man darüber eine Erkenntnis hatte. Weil man sie als WAHR erkannte. Weil auch andere durch JESU LIEBE gerettet sind. Sie müssen dieses Geschenk allerdings annehmen. Dazu müssen sie die Wahrheit unbedingt erfahren. Nichts in unserer Welt deutet darauf hin. Sie zu verbreiten obliegt den Geretteten.

„KIRCHE UNSERER ZEIT" AN SICH

Kirche hat meist nichts mehr mit dem, was JESUS unter seiner CHRISTLICHEN Gemeinschaft verstand, zu tun. Was für die katholische Kirche gilt, gilt – mit anderen Auswüchsen – auch für die protestantische. Die Bestrebungen der Evangelischen Allianz laufen schon lange darauf hinaus, mittels eines „Wohlstandsevangeliums", das das machtvolle WORT GOTTES verwässert und einlullend wirkt, die Menschen über die wahre Bedingung des EWIGEN LE-BENS, nämlich JESUS CHRISTUS, die geistige Neugeburt, die tief-gehende Reue, hinwegzutäuschen. Auch sollen alle Glaubensrich-tungen in eine „neue Weltreligion" eingestampft werden; unter dem Motto, es handele sich bei den verschiedenen Göttern jedes Mal so-wieso um denselben, den EINEN GOTT, halt nur in anderen Er-scheinungsformen. Das bedeutet den TOD DES CHRISTENTUMS, die Verleugnung dessen, was JESUS CHRISTUS für uns getan hat. Es bedeutet EWIGE VERDAMMNIS! Darüber soll uns, was beson-ders verlockend klingt für harmoniesüchtige Gutmenschen, hin-wegtäuschen:

LIEBE, FRIEDEN, GLEICHHEIT FÜR ALLE, SIND IN DER AGENDA DER NEUEN WELTREGIERUNG NUR EIN VORGEGE-BENES, SCHMACKHAFT GEMACHTES TÄUSCHUNGSMANÖ-VER. Es klingt gut, gemeint ist all das Versprochene aber als eine Vorbedingung zur totalen Kontrolle.

Ja: Der Teufel arbeitet mit der LÜGE. Er wiegt in Sicherheit, wo man in Wahrheit in Gefahr ist. (Er wiegt in Sicherheit, wo die Wahr-heit in Gefahr ist.) Dieses „Sich sicher fühlen" ist es aber, das die Menschen sich gegen die Wahrheit auflehnen lässt. Sie fühlen sich von ihr bedroht. Wer möchte schon „Sicherheit" aufgeben? - Doch es ist die trügerische Sicherheit eines Hauses, das auf Sand gebaut ist.

Wenn sie nämlich sagen werden: „Friede und Sicherheit", dann wird sie das Verderben plötzlich überfallen wie die Wehen eine schwangere Frau, und sie werden nicht entfliehen.

Ihr aber, Brüder, seid nicht in der Finsternis, dass euch der Tag wie ein Dieb überfallen könnte;

1. Thessalonicher 5, 3.4

Nur ER RETTET,

das ist der Grund, warum JESUS CHRISTUS für uns so wichtig ist

Ganz offensichtlich ist mit der Welt „etwas" nicht in Ordnung. Wenn dies sogar im eigenen Umfeld überdeutlich wird, die Menschen es dennoch nicht ernst nehmen, dann aus einem Grund: Sie kennen die Bibel nicht! Und versuchen, sich ihre Zukunft schönzureden. Ihr gutmenschliches, eigenmächtiges Denken, geprägt von vielen Verlockungen auf dem Jahrmarkt der vermeintlichen Heilsangebote lässt sie, so die Rede auf JESUS CHRISTUS kommt, IHN leichtfertig abtun. Manche denken, es wird schon „irgendwie alles gut sein" nach dem Tod oder machen es sich leicht, indem sie von vornherein die Möglichkeit, dass noch etwas nach dem Tod kommt, verwerfen. Seltsam, dass dies vor allem Menschen tun, die in ihren alltäglichen Angelegenheiten nichts von der „Vogelstrauß-Politik" halten. Viele Menschen tun offensichtlich nichts Böses, sie halten sich für gut, sind es aber nur nach *eigenem* Augenmaß, nicht vor GOTT. Sie sind Gottesleugner. Sie wenden sich von IHM ab. Was einst galt, gilt jedoch allezeit: GOTT hingegen liegt etwas an uns. Wir sind seine geliebten Geschöpfe! Er möchte uns „seine Kinder" nennen können, uns bei sich im Himmel begrüßen, doch die Sünde steht dem im Weg. Darum sandte er SEINEN Sohn. Damit wir – ganz gleich, was wir getan haben mochten – Buße tun und gerettet sein würden. Durch IHN, denn ER hat unsere Schuld für uns gesühnt.

Ohne sich zu JESUS CHRISTUS, dem lebendigen GOTT, bekannt zu haben, ohne durch IHN erneuert worden zu sein, fallen wir Menschen also der ewigen Verdammnis anheim.

Verlockende Angebote gaukeln uns vor, dass dem nicht so sei. Manche halten die unabdingbare Treue zu unserem GOTT für "nicht zeitgemäß". Diese haben vergessen, dass GOTT zeitlos gültig ist. Hinter allen Einflüsterungen, die uns vom Weg abbringen wollen, steckt Satan. Der Teufel lügt jedoch! Täuschung ist sein Handwerk! Seine Verdrehungen machen aus Dunkelheit scheinbares Licht.

JESUS CHRISTUS RETTET, WENN WIR IHN AN-NEHMEN

Denken wir daran, was zur Zeit Noahs geschah. Er und seine Familie wurden errettet. Er hatte GOTT vertraut. Ihm aber wurde nicht geglaubt. Die Menschen verleugneten die Gefahr und lebten weiter ihr verderbliches Leben in den Tag hinein. Die Flut kam. Weil sie GOTT verworfen hatten, verwarf GOTT sie.

Und wie es in den Tagen Noahs zuging, so wird es auch sein in den Tagen des Menschensohnes.

Sie aßen, sie tranken, sie heirateten und ließen sich heiraten bis zu dem Tag, als Noah in die Arche ging; und die Sintflut kam und vernichtete alle.

Ebenso ging es auch in den Tagen Lots zu: Sie aßen, sie tranken, sie kauften und verkauften, sie pflanzten und bauten;

an dem Tag aber, als Lot aus Sodom wegging, regnete es Feuer und Schwefel vom Himmel und vertilgte sie alle.

Lukas 17, 26-29

WAS IST MIT DER WELT NICHT IN ORDNUNG

Sie wird, da sich die Menschen ganz wie zu Zeiten Noahs und Lots von Gott abwandten, von Satan beherrscht. Doch wie damals auch, werden Gläubige NICHT mit der gottlosen Masse verloren gehen. Wie du dies erkennst, dass Satan auch in Deinem Leben das Sagen hat?

Wenn du nie zur Bibel greifst, ist er es, der dich davon abhält. Er findet tausend, scheinbar stimmige, Argumente, es nicht zu tun. Außerdem, sieh dich in deinem Haus um: Jede Buddha-Statue, jeder Heilstein, jedes Maskottchen, jede Klangschale, etc., ist ein solches, sich verwirklicht habendes Argument gegen JESUS. Manche denken, keinen "GOTT" in ihrem Leben zu haben, setzen dafür aber Rituale und Sekten, Freizeitangebote, Geld, Essenskulte, Menschen oder sich selbst und anderes an gottgleiche Stelle. Wo Götzen zuhause sind, zieht JESUS CHRISTUS nicht ein.

Es mag auch der Glauben herrschen an einen JESUS der anderen Art, etwa den, den verschiedene Gurus sich zurechtgeschnitzt, ihn "anderen, östlichen Meistern" gleichgestellt haben, um auch noch die Menschen vom Weg abzubringen, die treuherzig nach JESUS fragen. Oft bleiben sie in dem tragischen Irrtum hängen, "angekommen" zu sein.

Manche glauben auch, selbst, ganz eigenständig, eigenmächtig das Leben meistern zu können. Freilich steht ihnen auch dies frei. GOTT gab uns ja den freien Willen. Sie bedenken dabei aber nicht ihre eigene Endlichkeit. JEDER wird eines Tages vor GOTT stehen und es wird zählen, woran er geglaubt hat. Für alle, deren Glaube sich nicht in JESUS CHRISTUS gründet gilt, sie sollten sich schnellstens aus bestehenden Verstrickungen, aus Irrglauben, befreien. Sie sind Fallen des Satans. Nur JESUS macht frei!

Siehe: Wer die Wahrheit liebt, kommt an JESUS CHRISTUS, dem GOTT der unverfälschten Bibel, nicht vorbei. ER IST DIE WAHRHEIT!

Es steht alles geschrieben.

Das Heil steht JEDEM offen, der sich zu JESUS bekennt. Noch ist Gnadenzeit, ergreife die Chance, die unser HERR JESUS uns gab durch SEINEN Kreuzestod und die Auferstehung: Mensch, kehre um! Auf welchem Wege auch immer du dich befindest, nur EINER KANN RETTEN: JESUS CHRISTUS!

Nimm die Rettung an,

JETZT!,

denn:

Siehe, es kommen Tage, spricht GOTT, der Herr, da werde ich einen Hunger ins Land senden; nicht einen Hunger nach Brot, noch einen Durst nach Wasser, sondern danach, das Wort des HERRN zu hören. Da wird man hin und her wanken, von einem Meer zum anderen und umherziehen vom Norden bis zum Osten, um das Wort des HERRN zu suchen, und wird es doch nicht finden.

Amos 8, 11-12

Bittet, so wird euch gegeben; sucht, so werdet ihr finden; klopft an, so wird euch aufgetan!

Matthäus 7, 7

Denn jeder, der bittet, empfängt; und wer sucht, der findet; und wer anklopft, dem wird aufgetan.

Matthäus 7, 8

HEIMATSUCHE VON KINDHEIT AN

Manche (Kinder und Erwachsene) sind „sonderbar", weil sie nicht von dieser Welt sind. Sie fühlen sich in ihr nicht wohl. Sie halten – nach GOTT – Ausschau, sind stets auf der Suche. Man kann, worüber sie verfügen, auch Hoch-begabung nennen, also begabt mit dem Blick nach oben. Sie wollen aber nicht die Aufstiegsleitern der Welt erklimmen. Sie halten Ausschau nach dem Himmel. Sie sind lebenslang auf der Suche nach der „wahren" Heimat und haben sich auch oft verirrt in ihrem Bestreben, die Welt zu einem besseren, einem „himmlischen" Ort zu machen. Oft auch in die Gebiete der Esoterik, der Psychologie und des Humanismus.

Ich bin so jemand, die dachte, der Mensch könne von sich heraus gut werden. Und als letzte Konsequenz dann erst GOTT gefallen. „Gut, wahr und schön – ohne es JESUS zu verdanken, sind jedoch Werte und Vorstellungen des Humanismus!"

Vielleicht gehörst auch Du dazu? In der Welt werden solche Menschen, die stets nach dem „Höheren" streben, drangsaliert. Aber vor

GOTT sind sie goldrichtig. Diese möchte ich ermutigen, in JESUS CHRISTUS, in unserem allmächtigen VATER ihr Ziel zu erkennen, nutzlose Wege zu verlassen und nach Hause zu kommen. Der Lohn ist groß!, siehe Psalm 91: "Wer unter dem Schirm des Höchsten sitzt...." MARANATHA – JESUS kommt

bald! Den Zeitpunkt kennt nur der VATER. JESU Wiederkehr steht fest, wenn alle Zeichen erfüllt sind.

SPREU UND WEIZEN

Verantwortungsvolle Hirten warnen ausdrücklich besonders davor, dass viele Pastoren, Priester, kirchliche Würdenträger aller Art, NICHT wissen, was mit Wiedergeburt gemeint ist. Somit führen sie als Blinde die Blinden. Namenschristen unterscheiden sich von echten Christen also erheblich. Dass Namenschristen sich für echte Christen halten, macht Evangelisation so schwierig. Der erste Schritt zu einem wahren Christen ist also der, mitreden zu wollen, Verantwortung zu übernehmen, wenn es um Glaubensfragen geht. Dahin führt nur Bibelkenntnis. Ein wahres Abenteuer beginnt, das den, dem JESUS SEINEN Funken ins Herz setzte, nie mehr loslässt. Dieses plötzlich aufkommende Interesse ist eines der Zeichen dafür, dass GOTT jemanden zu sich zieht. Er benutzt zwar auch Menschen dafür, jedoch kein Mensch selbst, nur GOTT, leitet die Wiedergeburt ein. Ab da kann er berechtigt sagen: nicht die Welt, sondern CHRISTUS HÄLT MICH FEST. Ich bin teuer losgekauft von der Sünde!

Nehmen wir dies für bare Münze, dass die Spreu vom Weizen getrennt werden soll, KANN GAR NICHT ALLES GLEICHRANGIG SEIN!, müssen wir die Bibel genau studieren, aus der dieser - vielfach irrtümlich auf weltliche Moral angewendete - Spruch stammt und in seiner wahren Bedeutung ernst nehmen. (Dass der Weizen aus den Menschen besteht, die über Verschwörungen Bescheid wissen, ist ein Beispiel für weltliche falsche Auslegung des Begriffes. Ebenso, dass Schlafschafe diejenigen sind, die „nicht an alternative Heilweisen und Lebensmodelle glauben". - Schlafen tun vielmehr die, die JESUS CHRISTUS nicht als ihren Retter erkannt haben! Die nicht aus dem Glauben an IHN leben. Und mit ihnen ist die Spreu gemeint.)

KONSEQUENZEN DES ERWACHENS

Katholiken, ja auch katholische Priester, die entgegen dem, was sie gelehrt werden, die Wiedergeburt erfahren, treten aus der Kirche aus. In ihr zu verweilen, entbehrt ab da jeder Notwendigkeit. Sie sind ab nun reingewaschene Nachfolger Christi. Sonst nichts.

Braucht Ihr Beweise, dass es in der Kirche nicht „sauber" zugeht? Nun, Kindesmissbrauch dient nicht einfach „nur" der Lustbefriedigung der Priester. Er ist ein satanisches Ritual, um machtvollen Dämonen aus Satans Reich zu dienen, die weltlichen Erfolg, natürlich im Sinne des Gelingens und der schnellen Etablierung der Neuen Weltordnung sichern sollen. Dies erklärt auch, dass Aufklärungen hier seltsam lahm und verzögert, also nur zum Schein, betrieben werden. Solche Rituale sind nicht Einzelfälle, sie zeigen, wes Geistes Kind diese Institutionen sind.

NEUE WELTORDNUNG, ODER LEBEN, WIE ES VON GOTT GEDACHT IST

Erst, wenn man ernsthaft darüber nachdenkt, kommt einem das Programm der Neuen Weltordnung dubios vor? - Nein. Man kann ernsthaft darüber nachdenken und es in Bausch und Bogen stichhaltig finden und bejahen. Schon auf den berühmten „ersten Blick" schaut alles sehr verlockend aus. Und hält den „Schelm, der nichts Böses dabei denkt, wenn er eingeseift werden soll" auch auf den zweiten Blick bei der Stange. Schließlich werden lauter erstrebenswerte Ziele aufgelistet, etwa die Abschaffung der Armut, durch den Zugang zu allen lebensnotwendigen Ressourcen - für jeden gleichermaßen. Wäre das nicht wunderbar?

WO GEHOBELT WIRD, FALLEN SPÄNE

Das ist das Motto derer, die gnadenlos in das Weltgeschehen eingreifen, die Macht an sich reissen. Und ihre Machenschaften verharmlosen, indem sie behaupten, für „alle" nur das Beste zu wollen. Hm. Ich wundere mich nur darüber, wie es sein kann, dass ausgerechnet die Menschen, die man die wohlhabende Elite nennt, sich für „das Beste" einsetzen, indem sie jahrzehntelang „Verbesserungen unter Bedingungen einer Weltherrschaft" austüfteln und rigoros umsetzen, mit erbarmungslosen Mitteln wie Lockdowns, nach der Devise, „wo gehobelt wird, fallen Späne", damit den Armen künftig nichts mehr fehlen soll. Wieso sollten sie plötzlich auf Seiten der Armen stehen? Schließlich verdanken sie ihren Reichtum den Armen, das weiß heutzutage schon jedes Kind, das sich mit globalem Finanzmanagement auch nur einigermaßen befasst hat. Und nun? Haben sie etwa über ihre Ausbeutung eine lobenswerte Einsicht gehabt, möchten sie plötzlich ihre reuevolle Dankbarkeit zeigen? Keineswegs.

PER MAUSKLICK

Ihr Programm -, (siehe dessen Ankündigung in dem Buch „The Great Reset" - „Der große Umbruch" von Klaus Schwab und Thierry Malleret) -, mit dem „sie" den ganzen Erdball überziehen wollen und es bereits eifrig tun, soll ihren Reichtum nicht nur sichern, sondern auch noch vermehren. Sie sichern sich – wie zuvor auch – durch die Armen, ihr sorgloses Leben, mit dem Unterschied, dass sie mit ihnen und selbstverständlich gehören wir dazu, nun auch noch Katz und Maus spielen. „Mäuschen, wo bist du?", heißt eines der Spiele, bei dem sie ihre Mäuschen auf dem Monitor verfolgen und per Mausclick dirigieren. Ein anderes Spiel lautet, „Mäuschen darf als Belohnung für „Grüne Punkte" eine Flugreise antreten!, oder, wegen Fehlverhaltens, dann eben doch nicht." Was denkst Du, warum all diese Computerspiele existieren? Damit wir auf eben diese Strategien umsteigen. Sie sollen Vergnügen bereiten und wie viele gingen dem bereits auf den Leim! Der Mausklick, der Macht verleiht! Vergessen werden soll Streben nach Höherem. Strafe und Belohnung ist als künftiger Lebensantrieb genug. Und, natürlich, auch der Sturz in kaum zahlbare Kredite steht unter dieser Maxime aus. Schulden sollen auch den Ärmsten versklaven.

Richtig: Geplant ist, dass den Armen künftig nichts mehr fehlen soll, außer, ja, außer die Freiheit.

Scheint dies nicht das viel kleinere Übel zu sein? Immerhin sollen sie sich ab da, so sie nicht wegen Gehorsamsverweigerung aussortiert werden, satt essen dürfen und Bildung steht auch auf dem Programm.

NUTZTIERHALTUNG

Dann sehen wir mal, was aus uns wird, schon in Bälde: Eine Herde, die unter der geplanten nie endenden „Ver-Bildung" von -, auf Vernunft programmierten, mit allen Argumenten des Vorteils von Gefängnissen präparierten Erziehern - spuren soll. Ja, sogar muss! **Vorbei** sind die Zeiten, in denen Du Deinen Impulsen einfach nachgehen durftest. Es weht ein anderer Wind der fortwährenden Erlaubniseinholung; du wirst sehr beschäftigt sein damit, Bedingungen zu erfüllen, ganz zu schweigen von Hygienevorschriften. Man wird stets wissen, mit wem Du verkehrst und Du wirst Dich selbst beschränken, da Du nun dahingehend tickst, in jedem anderen Menschen einen potentiellen Feind für Deine Gesundheit zu sehen; ohne dies augenblicklich als Wahnsinn abzutun. Jede natürliche, gesunde, gottgewollte Regung in Dir wird erstickt. Du wirst anderen aus dem Weg gehen und Dich mit virtueller Kommunikation begnügen, ohne darin eine massive

Beschneidung zu sehen. Im Gegenteil, die Bequemlichkeit wird mehr und mehr Besitz von Deinem Leben ergreifen. Wo Knopfdrücke, ein Fingerschnippen genügt, sieht man die Notwendigkeit persönlicher Anstrengung und den Sinn echter Beziehung nicht mehr ein. Dein Innenleben verarmt. Mehr und mehr, mehr als ohnedies schon, wird ein jeder nur noch um sich selbst, um die leichtgemachte Erfüllung sinnlicher Bedürfnisse kreisen; nichts anderes bedeutet es, Waren aller Art bequem ins Haus geliefert zu bekommen.

NUR ZUKUNFTSMUSIK?

Dies alles ist längst in die Wege geleitet und Du hast es aus besagten Gründen, dass Du Dir Beschränkungen Deiner Freiheit als nützlichen Gewinn vormachen ließest, akzeptiert. Die Grenze, an der es hätte mahnend ROT in Dir aufleuchten sollen, ist längst überschritten. Du sprichst schon genauso wie „sie". Du identifizierst Dich mit ihren Zielen. Du hast bewusst in den Raum gestellte, angebliche Gefahren längst für bare Münze genommen und plapperst die Dir vorgekauten Rechtfertigungen der Maßnahmen gekonnt und mit voller Überzeugung nach, anstatt auf sie so zu reagieren, wie man es gewöhnlich tun sollte, wenn einem ein „Appel für ein Ei" vorgemacht wird. Du bist der Täuschung erlegen. Du hast die Manipulation nicht erkannt, die Dich und alle in denselben Pferch treiben soll; bereitwillig, gewaltlos, aus eigener, wie Du denkst, Überzeugung. Dabei ist es „bloß" Angst, die Dich antreibt. Von Apps und Punkten, von Guthaben und Schulden, von Gesundheitsattesten und Impfungen wird ab nun alles abhängen, das für Dich „Leben" bedeutet. Dieses zu ergattern, es zu „verdienen", bloß nicht abgehängt, ausgeschlossen zu werden, wird Dein Bestreben sein. Es gibt zwar ein anderes, ein wirkliches Leben, aber darauf berufst Du Dich nicht. Aus dem Grund, weil Du das, was Du Leben nennst, dann aufgeben müsstest. Dass Aufgabe ein Gewinn ist, ist Dir nur plausibel, solange es einen „Sofortgewinn" einbringt.

EIN FALSCHES LEBEN

Nur so, mit diesen, rein auf das irdische Leben ausgerichteten Wertmaßstäben, lässt sich das neue Leben unter Dauerkontrolle überhaupt „Leben" nennen. Anstatt sich auf das ewige Leben, das uns durch JESUS CHRISTUS gesichert ist, ja Dich REIN auf IHN auszurichten, rennst Du irdischen Vergünstigungen hinterher. Türen öffnen sich, Türen bleiben verschlossen, je nachdem, wie gut Du funktionierst. So lässt man Dich in dem Glauben, es hinge alles von Dir ab. Tut es gewissermaßen ja auch. Jeder Übertritt hat Konsequenzen und wird schmerzlich verbucht. Es war und ist ein schleichender

Prozess. Der Lebenssinn ist in Dir umprogrammiert worden; auf die Vermeidung von Strafe und das Ergattern von Belohnungen richtet er sich (wie übrigens seit je, jetzt aber verschärfter, ausschließlicher) aus. Was dies bedeutet?: Der Zugriff auf DICH, auf das, was DICH ausmacht ist total, es gibt kein Entrinnen, kein Ausweichen, kein Versteck. Jede Kleinigkeit kostet, jedes Vergehen auch, etwa ein Niesen, das ja CO_2 produziert. Um all die Bedingungen zu erfüllen, sperrst Du Dich, was DICH EIGENTLICH AUSMACHT selbst weg; oder musst weggesperrt, eingeschränkt, gar eliminiert werden.

Ist Dir klar, dass genau dies mit den momentanen Restriktionen fast reibungslos eingeführt wurde? Es ist der Beginn der „wundervollen" Zeit, in der man quasi, um an etwas zu gelangen nur Simsalabim, „Sesam öffne dich", sagen muss. Beschwingt-vergnügt eilt man auf dem roten Teppich dahin, ausgerollt von Satan, geflissentlich, teuflisch, vergnügt.

EIN LEBEN MIT IHM

Die Gegenseite, das Leben, wie GOTT es sich für uns gedacht hatte, ja, das ist durchaus nicht das Leben, das Du gerade erst hinter Dir ließt und es vermisst.

Ach, tätest Du es bloß. GOTT vermissen und nicht bloß die Zeiten, in denen Du ohne Maske einkaufen gehen, Dich frei hast bewegen dürfen.

Nicht dieses Leben, das Du geführt hast, hat GOTT für Dich vorgesehen, natürlich nicht dieses – ja – gottlose Leben. Sondern ein Leben mit IHM.

DIR DIE FREIHEIT SICHERN

....durch dasjenige Leben, das Du Dir immer erträumt hast. Und das Du nicht erst jetzt, unter Zwang, sondern ganz lange schon und zwar freiwillig aufgabst. So Du es überhaupt jemals gekannt hast. Nur deswegen, weil Du nichts dafür eingesetzt hast, dass es Wirklichkeit wird, konnte es jetzt überhaupt so weit kommen. Der Einsatz wäre Dein altes, Dein gottloses Leben gewesen. Du hast die Freiheit stets mit dem Genuss des irdischen Lebens verwechselt. Und hast GOTT dabei ganz vergessen. Aber: Umso wertvoller ist die Erinnerung. Nur die Wahrheit macht frei. JESUS CHRISTUS.

SATAN ERSCHEINT NUR FREIGIEBIG, ABER ER VERLANGT DEN HÖCHSTMÖGLICHEN PREIS

Nun ist es so weit, Du bezahlst die Rechnung und zwar dem, dem Du die ganze Zeit, ohne es zu bemerken, untertan warst. Satan. Erst ließ er Dich, an der langen Leine laufend denken, Du tätest das, was Du willst. Die ganze Zeit aber hast Du ihm gehorcht. Nun zieht er die Falle zu, ob Du willst oder nicht.

Noch ist es zwar nicht zu spät, aber doch schon „zwölf Sekunden vor zwölf".

DER GEDANKE, UMZUKEHREN, BEKOMMT FÜR DICH JETZT KONTUR

Wie gut, dass Du es endlich bemerkst, worauf das alles hinausläuft. Wie gut, dass Du keiner von denen sein willst, die, wenn es so weit ist, aus einer sinnlosen, gottlosen, durchorganisierten, kalten Welt entsorgt werden werden in denjenigen gottlosen, ewigen Zustand, in der HEILIGEN SCHRIFT Verdammnis, ewige Qual, der Feuersee, die Hölle, genannt.

Ja, alles, was in der Bibel steht, ist REAL. Es kommt von dem LE-BENDIGEN GOTT.

MAN HÄTTE ES MIR SAGEN MÜSSEN

Du hättest es aber jederzeit schon, hättest Du in der Bibel gelesen, wissen können: Satan hat seit je nichts anderes im Sinn, als der Menschen Vernichtung. Er ist ein Mörder und Lügner von Anfang an. Und ja: Ihm gehört die ganze Welt. Damit, sie Dir zu Füßen zu legen, ködert er Dich. Doch dafür bezahlst Du mit dem ewigen Leben!

ENTSCHEIDE DICH RICHTIG

Wirst Du einst sagen müssen, kurz ist sie gewesen, diese Zeit, in die Du selbst einwilligtest, des nichtendenwollenden Vergnügungsprogrammes, der Gleichheit und vermeintlichen Sicherheit unter der Kontrolle der NEUEN WELTORDNUNG, DER NEUEN WELTRELIGION. Kurz und schal. Es war bloß ein Höhenrausch. Und er endete schrecklich.

MACH ES WAHR, KEHRE UM

Oder wirst Du Dir sagen können: „Wie gut, dass ich den fragwürdigen Verlockungen standhielt, umkehrte, die Welt ÜBERWAND und ausharrte in dem HERRN und nun auch siege mit dem, der auch mich einst rettete. JESUS CHRISTUS?"

ALSO: BEI DER NEUORIENTIERUNG NICHT DAS KIND MIT DEM BADE AUSSCHÜTTEN, SONDERN NACH JESUS CHRISTUS FRAGEN

Es ist allerdings keine gute Idee, nachdem Du der Kirche, die mithalf dabei, Dich dahin zu bringen, wo Du nun stehst, den Rücken kehrtest, „einfach weiterhin zu tun, was Du willst!" Es genügt nicht nur beileibe nicht. Sondern, es ist das, was der Teufel will. Es bedeutet, nicht nur die Kirche, sondern JESUS CHRISTUS auch gleich mitzuverwerfen.

Lasse auch Du Dich gemahnen, umzukehren, IHN als Deinen Retter anzuerkennen, damit auch für Dich gilt:

Welche Frucht hattet ihr denn damals? Dinge, deren ihr euch jetzt schämt; denn das Ende davon ist der Tod. Jetzt aber, von der Sünde frei gemacht und Gottes Sklaven geworden, habt ihr eure Frucht zur Heiligkeit, als das Ende aber ewiges Leben.

Denn der Lohn der Sünde ist der Tod, die Gnadengabe Gottes aber ewiges Leben in Christus Jesus, unserem Herrn.

Römer 6, 21-23

KEIN ZUFALL

Bei allem schwer Verständlichen geht es darum, wirklich den Zusammenhang zwischen den Welt-Ereignissen, sich selbst und JESUS CHRISTUS herzustellen. Dass dieser Faden nämlich immer wieder verloren geht, dafür sorgt Satan. Für viele ist Satan eine Theorie, er hat kein Gesicht, ganz einfach, weil sie, was in der Welt geschieht, nicht Satan, sondern Menschen zuschreiben. Auf dieser Ebene, gegen ganz viele unterschiedliche Menschen kämpfen zu müssen, wird der Sieg nicht gelingen. In Wirklichkeit ist es ein geistlicher Kampf mit zwei Heerführern, die sich der Menschen bedienen. Der eine, um ihres Untergangs, der andere um ihrer Erlösung willen. Auf welcher Seite wir stehen, bestimmen wir selbst mittels unseres freien Willens. Den Sieg in der Tasche hat ganz allein GOTT.

Gott stimmt immer für uns;
der Teufel stimmt immer gegen uns. Der von beiden, für den wir stimmen, bestimmt über uns.
Corrie ten Boom

UNTER SEINEN FITTICHEN GEBORGEN

Nicht nur hinter JEDEM „bösen" Politiker steht Satan. Hinter jedem Menschen, der nicht JESUS CHRISTUS angenommen hat und zu IHM steht, auch. Nur hinter jedem wiedergeborenen Christen steht GOTT. Satan kämpft gegen GOTT, indem er Menschen für seinen Krieg gegen GOTT benutzt. Menschen, die JESUS CHRISTUS als ihren Retter annahmen, sind aber keineswegs schutzlos. GOTT tritt an ihrer Stelle gegen Satan an, indem ER ihnen SEINEN SIEG, der am Kreuz stattfand, schenkt. Nie mehr kann Satan diese Menschen gewinnen, es sei denn, sie verlassen GOTTES schützendes Dach. Jeder einzelne Mensch steht entweder auf GOTTES oder Satans Seite. Solange Satan Macht über ihn hat, ist er verloren. Doch er kann umkehren. Erfährt er die Gnade GOTTES in seiner Wiedergeburt, hat auch er am Sieg teil.

Unser Sieg mit dem Gewinn des ewigen Lebens, kann nur eintreten, indem wir auf der richtigen Seite stehen. Derjenigen Seite, wo GOTT in uns und durch uns und für uns wirkt, da JESUS CHRISTUS für uns bereits mit seiner Opfertat am Kreuz gesiegt hat. Müssen wir also gar nicht mehr kämpfen? - Oh doch. Unser „Kampf" besteht darin, so GOTT uns auf die richtige, auf SEINE Seite zog, wach zu sein, um auch dort zu bleiben. Unter GOTTES Schirm zu bleiben ist durch vielerlei Anfechtungen Satans erschwert. Es ist wichtig, Satans Vasallen zu erkennen, in die er sich einkleidet, damit Du die sichere Seite wieder verlassen sollst. Alle Arten von Channeling-Botschaften, zum Beispiel, klingen süß in den Ohren und erscheinen wahrhaftig, indem sie tun, als hätten sie göttlichen Auftrag. Satan tarnt sich, indem er sich seiner Botschafter bedient, die Lügen verbreiten. GOTTES unverrückbares Wort ist aber bereits gesprochen. Es steht in der Bibel. Niemand, der etwas hinzufügen oder weglassen dürfte.

Wer das WORT GOTTES benutzt, um alles zu prüfen, der hat wahrhaftig ein Schwert und nutzt also den GEIST GOTTES, der in ihm wohnt, den Täuscher und Lügenmeister zu enttarnen. Dieser, sich in den Verstand mit Zweifeln und anderen Einflüsterungen einklinkend, will mit hundertprozentiger Sicherheit, also vorhersehbar, einen Menschen, sobald er auch nur in die Nähe von JESUS rückt, daran hindern, dieses WORT, dasjenige unseres LEBENDIGEN GOTTES, als alleingültige Wahrheit kennenzulernen und gar anzuerkennen. Er möchte auf keinen Fall, dass jemand gerettet ist. Sein ganzer Ehrgeiz richtet sich danach aus, Menschen mit sich in den Abgrund zu reißen.

Seinen Glauben an JESUS CHRISTUS, an das, was ER für uns tat zu bezeugen, ist der Schnitt zwischen dem Leben mit Satan und GOTT.

Mit jedem Male, da er GOTT gehorcht, vertieft sich die Kluft zwischen Leben und Tod.

ES EXISTIERT EIN PLAN; ER IST EINFACH

Nur wer den Plan kennt, kann sich an ihn halten. Es ist nicht irgendein, es ist D E R Heilsplan. Wer weiß, dass genau dieser Kampf um seine Seele im Gang ist, weil es geschrieben, gar in sein Herz geschrieben steht!, wird nun alles daran setzen, auf der richtigen Seite, derjenigen, wo seine Seele in Sicherheit ist, zu verbleiben.

Kurz gesagt: Richtig ist anzuerkennen, dass es überhaupt nur bei dem gesamten irdischen „Spiel" darum geht, zum Schöpfer, in die Ewigkeit einzugehen, was Satan aber verhindern möchte. **Sinn und Ziel eines JEDEN Lebens ist also schlicht, den Zug in die uns bereitete wundervolle Herrlichkeit GOTTES nicht zu verpassen.** Gut ankommen wird jeder, der sich zu Lebzeiten für JESUS CHRISTUS entscheidet. Und was diese Gelegenheit für alle angeht, gilt, dass es eines, nicht fernen Tages, zu spät sein kann.

Siehe, es kommt die Zeit, spricht der Herr Herr, dass ich einen Hunger ins Land schicken werde, nicht einen Hunger nach Brot oder Durst nach Wasser, sondern nach dem Wort des Herrn zu hö-

ren; dass sie hin und her, von einem Meer zum anderen, von Mitternacht gegen Morgen umlaufen und des Herrn Wort suchen, und doch nicht finden werden.

Amos 8, 11.12

Was sich wie ein Science-Fiction-Roman liest, ist die Bibel und erst, sobald man diese GOTTESERFAHRUNG selbst hat, durch die Wiedergeburt, weiß man, dass dieser „Roman" real ist. Durchaus fällt, was die Fakten angeht, Glauben mit Wissen zusammen. Nichts davon ist erfunden. Und das ist befreiend, und befreit sein *erleichtert*, da man sich endlich auf etwas verlassen kann, das hundertprozentig seit je bis in alle Ewigkeit STIMMT. Plötzlich zu wissen: Es ist wahr! Unterscheiden zu können, zwischen „richtig und falsch", Wahrheit und Lüge". Und ab nun der Wahrheit, die einen sehr schmalen Pfad vorgibt, in das ewige Leben folgen.

Verständlich, dass Satan immer bestrebt sein wird, einen Menschen vom schmalen Pfad abzubringen.

SIND GLÄUBIGE DENN VERRÜCKT

Evangelisation ist kein Spiel, dem eine merkwürdige, VERRÜCKTE, BEMITLEIDENSWERTE Marotte zugrunde liegt, ein wichtiges Getue von Halbwahnsinnigen um „nichts". Ist denn jemand verrückt, dem nichts anderes mehr wichtig ist, als möglichst viele in Sicherheit, zu JESUS CHRISTUS zu bringen, beziehungsweise, dabei mitzuhelfen, dass GOTTES GEIST auf den menschlichen Geist, die Seele einwirken kann?

Am besten durch das WORT selbst. Ab dem Moment, da ein Mensch realisiert, was da im Gange ist und dass es nicht nur etwas, sondern ALLES entweder zu verlieren oder zu gewinnen gibt, ist er dabei. Er hat – quasi – „verstanden".

Der GEIST GOTTES, der HEILIGE GEIST, verhilft ihm dazu.

Ja, jemand, dem daran liegt und der alles daransetzt, dass andere gerettet werden, IST verrückt -, aber nur, wenn die Gefahr gelogen und die Errettung nur Phantasie wäre!

Da das EVANGELIUM ABER WAHR IST, dürfen wir uns unerschrocken darauf stützen, wird es derselbe innere Auftrag sein, aus dem heraus man die Menschen, vor dem herannahenden Tsunami, selbstverständlich aufklärt und warnt.

AUFWACHEN

Wo stehen wir jetzt? Es ist die Endzeit. Diese geht zwar schon über den ganzen Zeitraum seit JESU Auferstehung, doch nun sind viele der Zeichen erfüllt, die uns sagen, es ist BALD so weit. Wir müssen gerüstet sein! Allzeit bereit! Für JESU WIEDERKEHR!

In der Bibel gibt es dazu das Gleichnis der 10 Jungfrauen und was die fünf, die bei der Hochzeit dabei sein konnten, den anderen, denen es verwehrt war, voraushatten. Öl für ihre Lampen! Die fünf Zuspätkommenden versuchten dann noch, sich welches zu kaufen, doch dies gelang nicht. (Hochzeit deswegen, denn JESUS CHRISTUS ist, laut der SCHRIFT, der Bräutigam, die Gemeinde die Braut). Sie hatten, simpel „den Zeitpunkt verschlafen".

Genau an dieser Stelle, an der es unaufschiebbar ist aufzuwachen, ist JEDER Mensch! Wie wir dorthin kamen, wo wir jetzt sind?, und worauf auch wir fast reingefallen wären?, wäre da nicht...... ja, wäre da nicht JESUS in unser Leben getreten.

Und mit IHM die WAHRHEIT!

DIE HEILIGE SCHRIFT IST WAHR

Wie wissen wir, dass, was dort geschrieben steht, stimmt? - Die Bibel ist das Buch der verlässlichsten Vorhersagen. Sie hält den Rekord an Treffsicherheit. Alles, zu hundert Prozent!, was da steht von Schriftniederlegung bis zum heutigen Zeitpunkt, hat sich bislang erfüllt. Und deswegen gibt das Buch selbst die Versicherung, dass es auch zukünftig so ist. DIE BIBEL VERIFIZIERT SICH DURCH SICH SELBST. Indem man die Geschehnisse mit dem Geschriebenen vergleicht, hat man Gewissheit. GOTT LÜGT NICHT!

Denn wir sind nicht klug ersonnenen Legenden gefolgt, als wir euch die Macht und Wiederkunft unseres Herrn Jesus Christus wissen ließen, sondern wir sind Augenzeugen seiner herrlichen Majestät gewesen.

Denn er empfing von Gott, dem Vater, Ehre und Herrlichkeit, als eine Stimme von der hocherhabenen Herrlichkeit an ihn erging: »Dies ist mein geliebter Sohn, an dem ich Wohlgefallen habe!« Und diese Stimme hörten wir vom Himmel her ergehen, als wir mit ihm auf dem heiligen Berg waren.

Und so halten wir nun fest an dem völlig gewissen prophetischen Wort, und ihr tut gut daran, darauf zu achten als auf ein Licht, das an einem dunklen Ort scheint, bis der Tag anbricht und der Morgenstern aufgeht in euren Herzen.

Dabei sollt ihr vor allem das erkennen, dass keine Weissagung der Schrift von eigenmächtiger Deutung ist.

Denn niemals wurde eine Weissagung durch menschlichen Willen hervorgebracht, sondern vom Heiligen Geist getrieben haben die heiligen Menschen Gottes geredet.

2. Petrus 1, 19-21

LUG UND TRUG

Vieles möchte den Menschen beeinflussen und hat nichts mit GOTTES WORT zu tun, auch wenn es so scheint. Darunter zum Beispiel „Channeling-Botschaften". Wer die Ausschließlichkeit des Glaubens an JESUS CHRISTUS noch nicht erkannt hat, fällt auf Übertretung des ersten Gebotes herein: DU SOLLST KEINE ANDEREN GÖTTER HABEN NEBEN MIR. ALLES, dem man rettende Wahrheit zugesteht, was nicht von GOTT kommt, ist Götzendienst.

Nun mag jemand sagen, dass es schöne, Hoffnung schenkende Durchsagen sind und vor allem sehr „interessante", die Erklärungen für dunkle Machenschaften bieten.

Vergessen wir nicht, Satan loggt sich vor allem zunächst in den Verstand ein und dies, indem er Menschen „fasziniert". Es verleitet sie, über das WORT GOTTES hinauszugehen.

Denn wir verfehlen uns alle mannigfaltig. Wer sich aber im Wort nicht verfehlt, der ist ein vollkommener Mensch und kann auch den ganzen Leib im Zaum halten.

Jakobus 3, 2

Lass meinen Mund deines Ruhmes und deines Preises voll sein täglich.

Psalm 71, 8

IRREFÜHRUNG

Satan, der hinter all diesen Botschaften steckt, kommt nicht als „der Böse" bei den Menschen an. Er blendet Trügerisches ein, eine heile Scheinwelt. Er erscheint den Menschen, die nicht in der Bibel nach Antworten suchen, als Engel des Lichts. (Siehe die gesamte Esoterik, worunter auch all die Richtungen zählen, die JESUS oder „das Göttliche" als ihr Zugpferd vor die Kutsche in die Hölle einsetzen.) Die bloße Behauptung, eine göttliche Botschaft zu sein, beweist deren Wahrheitsgehalt NICHT! Eindrücklich wird in der Bibel vor den Verführungskünsten Satans gewarnt.

Meister, Gurus, Channel-Medien, Yogalehrer, Irrlehrer, nutzen diese Tarnkappe des „Göttlichen", sogar kommt oft der Name JESU vor; diese Fassade täuscht perfekt all jene, die noch nicht Buße taten, also das BÖSE in sich selbst noch nicht anerkannt haben. Mit anderen Worten: Die nicht Wiedergeborenen. Das „Böse" ist ihr „blinder Fleck", die Hintertüre, durch die es zu ihnen hereinkommt.

Der Glaube an „DEN RETTER", eine auf ein Podest gestellte Heldenfigur -, in einem der Fälle war und ist es Trump -, fährt auf der Schiene des Wunschdenkens. Davor wird in der Bibel jedoch ernsthaft gewarnt.

Seid nüchtern und wacht! Denn euer Widersacher, der Teufel, geht umher wie ein brüllender Löwe und sucht, wen er verschlingen kann.

1. Petrus 5, 8

KRAFT DES LEBENDIGEN WORTES

Was gegen „das Böse, die Lüge" hilft, ist das Schwert. Das Schwert IST das Wort GOTTES. Nur dieses ist relevant, anhand dessen wir alles prüfen müssen. Es schenkt uns erst Unterscheidungsfähigkeit. Dazu müssen wir es zunächst erst einmal genau kennenlernen. Das Kennenlernen kommt der Nahrungsaufnahme gleich. Dieselbe Regelmäßigkeit, in der wir dem Körper ganz selbstverständlich Nahrung zuführen, sollte auch hier herrschen. Die meisten Menschen sind geistlich am Verhungern. Sie darben und wissen nicht, woran es ihnen mangelt, ist das LEBENDIGE WORT. Doch noch ist es für alle erhältlich.

Ein Bibelleseplan ist sehr wertvoll, weil man leichter die förderliche Disziplin aufbringt, wenn man genau weiß, welche Kapitel jeden Tag, morgens und abends, zu lesen sind. In einem Jahr ist man dann durch die gesamte Bibel, wenn man täglich bis zu eine Stunde in das Lesen investiert. Jeweils am selben Tag kommt etwas aus dem

Neuen und ein Teil des Alten Testaments dran. Langsam, aber sicher, ergibt sich dann ein Gesamtbild dieses großartigsten Vermächtnisses GOTTES an seine geliebten Menschen und durch die Wirkung, die das lebendige Wort selbst auf den Menschen ausübt, erfolgt oft der vollständige Einzug JESU in das Herz.

Langsam, aber sicher oder unerwartet spontan, wird aus einer Pflicht der Durst nach dem WORT. Der Vergleich eines Dürstenden, der nach Wasser lechzt, ist hier treffend. Auch freut man sich auf den geschwisterlichen Austausch. Offenheit ist angesagt, dieselbe, bekennende und aufdeckende Offenheit, wie dem HERRN selbst gegenüber, damit sich eben nichts aufstaut, das gegen GOTT wäre. Christen in aller Welt legen auf die, durch die Geschwisterliebe bekräftigte GOTTESNÄHE allen Wert.

Darum, was ihr in der Finsternis sagt, das wird man im Licht hören; und was ihr ins Ohr flüstert in den Kammern, das wird man auf den Dächern verkündigen.

Lukas 12, 3

WO STEHT DIE MENSCHHEIT

Wir selbst, das heißt, alle Bewohner dieser Erde, haben über einen langen Zeitraum hinweg den SO GENANNTEN Mächtigen der

Welt! erlaubt, einen perfekten Gefängnisplaneten zu errichten. Nicht „Menschen" haben diesen aufgebaut. Sondern „menschliche Werkzeuge". Wer dahinter steht, wer sie benutzt, ist Satan. Doch handelt er mit GOTTES Erlaubnis.

GOTT gibt uns somit die Wahl, die wir ohne diesen Widersacher gar nicht hätten. GOTT wäre dann „alternativlos". GOTT will aber, dass wir uns freiwillig für IHN entscheiden. JETZT genau ist diese Erntezeit. Es ist die Zeit der Trennung der Spreu vom Weizen. Der Plan GOTTES geht auf seine Erfüllung zu.

Und siehe, ich komme bald und mein Lohn mit mir, um einem jeden so zu vergelten, wie sein Werk sein wird.

Offenbarung, 22, 12

DER BREITE WEG, DIE GROSSE GEFAHR

Satan macht es den Menschen durch seine Verführungskünste nicht leicht, in JESUS CHRISTUS die Wahrheit zu erkennen. Du wirst es selbst bemerken an Deinen, die wunderbare Botschaft, die Notwendigkeit der Rettung, relativierenden Gedanken. Äußerst Du diese nie, wird Dir ihr Urheber nie klar, wirst Du sie für Deine eigenen Gedanken halten, wirst Du sie auch nicht korrigieren und werden sie zu einer vernebelnden, sich mehr und mehr verdichtenden Wand. Wir stehen auf Satans Seite, sobald wir der Welt – all den, uns von GOTT entfernenden Einflüsterungen - nicht widerstehen. Viele erkennen es nicht, dass sie sich eindeutig zu GOTT bekennen müssen. Halbherzige Wege führen in das Verderben. Denn Satan, der alles versuchen wird, einen Menschen von JESUS abzuziehen, führt diesen geradewegs in die Verdammnis. Der Weg dorthin ist gekennzeichnet von Eigenwillen, er ist breit, fühlt sich gut an. Keinerlei Überwindung kostet er. Es ist der Weg kurzfristiger Befriedigungen. Man siedelt den Lohn nur auf der irdischen Seite an. Satan verleitet zu kurzfristig Erfolg bringenden Entscheidungen. Er unterstützt momentanen Eigennutz. Zum „schnellen Geld". Gemeint sind dabei auch alle, die Sinne kitzelnden Gewinne. Diese können durchaus als absolute Notwendigkeiten getarnt sein, oft unter dem Deckmantel der Selbsterfahrung, Selbstfindung, gerne auch der sportlichen Leistungssteigerung. Satans Verlockungen sind allgegenwärtig und nutzen individuelle Schwächen der Menschen. Durchaus auch das Gefühl, alles allein machen zu müssen. Man kann sich mit allerlei Verpflichtungen eindecken, ohne zu bemerken, dass man auch derlei als Rechtfertigung benutzt, um GOTTES WORT, das ja vor allem auch da ist, dem Menschen ins Gewissen zu reden, zu entgehen. Wie wunderbar wäre es, würden alle Menschen jederzeit ihre sonstigen, selbstauferlegten, „Wichtigkeiten" liegen und stehen lassen, um GOTT zu begegnen!

Auch, indem Satan dem Menschen einredet, „so ein bisschen in der Bibel blättern", sei genug, verführt er jemanden zu diesem, dem schmalen genau entgegengesetzten Weg! Auf diesem wird auf jeden Fall das Ansammeln der „Schätze im Himmel" verhindert.

Dass der Weg zu GOTT in das ewige Leben schmal ist, sollte einen nachdenklich machen. Es kann ja nur bedeuten, dass nicht jeder, der vermeintlich auf ihm wandelt, sich tatsächlich dort befindet.

DER LEIB CHRISTI – DIE GEMEINDE

Wenn uns die (seltene) Gunst der Begleitung durch eine bibeltreue Gemeinschaft zuteilwird, ist dies sicher kein „Zufall"; sollten wir also JESUS CHRISTUS vertrauen, dass er diese Gemeinschaft zu unserer Glaubensbildung und Bestärkung des richtigen, des schmalen Weges eingesetzt hat; zur Ermutigung, dabei zu bleiben bei unserem HERRN und nicht abzuspringen. Mit Unterstützung der Geschwister werden wir durch Bibelstudium, Beten, das Gemeinschaftsleben, ungeahnten Fortschritt in der Erkenntnis der Wahrheit haben. Anfangs sind wir vergleichbar mit zittrigen, sich kaum auf den Beinen halten könnenden Lämmchen. Freudig zwar, aber auch unsicher. Alles Bisherige steht in Frage. Nur der Welt preisgegeben, umgeben von Nichtchristen, so nett sie auch sein mögen, werden diese sich, schneller als man schauen kann, wie hungrige Wölfe auf das Schäfchen stürzen. Satan. Er kommt in Form jedes Menschen, der einen von JESUS abbringen will, aber auch in Form vermeintlich „eigener"

Gedanken, in Form von Zweifeln, Rechtfertigungen, warum man für JESUS gerade keine Zeit oder auf IHN keine „Lust" hat.

EINFLÜSTERUNGEN

„Das ist alles Blödsinn..., das will mich nur vom Leben abhalten...", etcetera.

Ja, stimmt, solche Gedanken kommen denen, die beginnen, an JESUS zu glauben; sie werden, so sie IHN nicht verleugnen, die Erfahrung machen, man steht alleine da, man wird eben nicht mehr auf die Bestätigung der „Weltmenschen" achten dürfen. Dafür hat man „echte Geschwister"! Und nach und nach, durch das Vorleben, zieht man auch Menschen aus dem Umkreis für den Weg in das Seelenheil an. Und die Freude ist groß, denn wir sind ja gefordert, das Evangelium – unverfälscht – weiterzugeben.

DIE GEFÄNGNISTÜR SCHLIESST SICH

Zwar erkennen fast alle anhand der „Maßnahmen", dass sich die Schlinge zuzieht. Aber sie denken, es läge die Lösung in Menschenmacht. „Man müsste nur....", ja, aber, warum geschieht nichts? Warum bewegen sich die Menschen nicht? Warum stehen sie nicht dagegen auf? GOTT hilft ihnen nicht, da sie IHN ja verleugnen. - Satan hält sie in seinem Bann. Er flüstert ihnen wohlklingende, hoffnungsweckende Botschaften ein zur Verdrängung der Wahrheit. Hauptsache ist ihm, die Menschen von der Suche nach GOTT abzulenken und sie, so sie IHM begegnen wollen, zu verunsichern. Durch Angst und auch mit Verlockungen der Macht, mit Versprechen auf Lösungen, auf das Heil durch irgendjemanden, zieht er Gefolgschaft an sich. Schnell bilden sich diese zwei Fronten der Unterdrückten und Unterdrücker; und Unterdrückte meinen dann, „die Guten" zu sein. Doch beide, unwissentlich, stehen auf Satans Seite wie JEDER, der sein Leben nicht JESUS CHRISTUS übergab. Warum man dies tun sollte?:

Nun,

„ICH BIN DER WEG UND DIE WAHRHEIT UND DAS LEBEN. NIEMAND KOMMT ZUM VATER, DENN DURCH MICH." Johannes 14, 6

Wie kann es bei einer solch klaren Aussage noch Zweifel geben? - Weil Satan den Menschen einflüstert, dass sie EIGENE Wege gehen sollten. Auch, dass diese Wege nun erschwert werden und immer deutlicher sich als nicht eigene Wege, sondern als die unentrinnbaren einer ungeliebten Obrigkeit entpuppen, hält Menschen nicht davon ab, ihr „vermeintlich IHRES" weiterhin zu suchen. Aber, es wird kein Durchstoßen zur Freiheit mehr geben. Die Einsicht fehlt gar, dass es ohne JESUS CHRISTUS auch davor niemals wirklich Freiheit, sondern das Folgen Satans Gebot, „tue, was du willst", und damit keineswegs folgenlos war; sondern ihn, den Ignoranten, den GOTTESleugner, in Ketten der Sünde band; verurteilt zum Tod. Nun ist die Zeit, die Ketten auch ganz deutlich zu fühlen. Aber wird das dazu führen, sie abzuwerfen? Durch JESUS CHRISTUS, der da sagte:

DIE WAHRHEIT MACHT EUCH FREI! UND DASS ER DIESE WAHRHEIT IST!

Ohne IHN wird der Mensch gebunden bleiben an den Tod.

Die Kontrolle wird alle Bereiche umfassen. Über die Konten bei der Bank, über die Beziehungen mit anderen, über alle Wege, die jemand zurücklegt, über einfach alles, was das bisherige Leben ausmachte. All dies konnte nur freiwillig erreicht werden, wenn es zu Gunsten eines vorgeschobenen guten Zweckes geschah, den JEDER einsah: Der Gesundheit.

WIE ES DAZU KAM

Langsam aber sicher hatten davor über Jahrzehnte hinweg die Erdbewohner selbst sich unmerklich auf dies eingelassen, also sich durch die Verlockung des „TUE, WAS DU WILLST", dahingehend manipulieren lassen: Der Gesundheit zum höchsten Stellenwert im

Leben zu verhelfen. Indem der Wahn gefüttert wurde, sie selbst müssten für ihr Gesundheits-Heil in einem viel größeren Rahmen, als dies noch gesund wäre, sorgen. Beten, ein vernünftiges Maßhalten in allem, als Gesundheitsvorsorge, blieb außen vor. Darunter kam hoch in Kurs auch ganz generell: DAS WOHLBEFINDEN. Man denke an all die Gesundheitsprogramme, Heilungsmethoden, an Fitness, Sport, etc., an alles, was dem körperlichen Wohlbefinden, samt seelischer Gestimmtheit dienen kann. Es boomte und boomt. Man übersieht heute, da man all die Jahre abgelenkt war durch den Versuch, der vorgegebenen „Norm" zu entsprechen, dass diese Vorprägung bereits die Bedingungen schuf für das, was wir heute als „neue Realität" haben. Dazu brauchte man nur den Menschen übermäßig um seine Gesundheit, aber auch seine Schönheit, besorgt zu machen. „Er fürchte nicht um sein Seelenheil, er fürchte Tod und Krankheit, nicht aber Gott". Diese lautlose Indoktrination hat die Menschheit schleichend vergiftet. Und seine Abwehr gegenüber dem Absterben der Anbindung an GOTT lahmgelegt. Da heraus lässt er überhaupt erst „mit sich machen", was immer, wie er glauben gemacht wird, der Gesundheit dient. Dafür bewegt er sich im Gleichklang mit der Welt, stets fürchtend, deren Anerkennung zu verlieren und dann „allein" dazustehen. Dabei, sobald ein Mensch umkehrte, würde er durch den verlässlichsten Beistand, den Heiligen Geist, nie mehr allein sein.

Und ich will den Vater bitten, und er wird euch einen anderen Beistand geben, dass er bei euch bleibt in Ewigkeit,
den Geist der Wahrheit, den die Welt nicht empfangen kann, denn sie beachtet ihn nicht und erkennt ihn nicht; ihr aber erkennt ihn, denn er bleibt bei euch und wird in euch sein.
Johannes 14, 16.17

FRÜHER, NOCH NICHT LANGE HER, IST ALLES ANDERS GEWESEN

Familienzusammenhalt galt einst noch etwas. Als ein Kennzeichen unserer Zeit gilt, dass es in ihr nicht mehr wie früher dazu kommt, dass man sich innerhalb der Familie bespricht. Gemeint ist von mir nicht nur der engste Familienkreis, sondern zumindest derjenige Kreis, Onkel, Tanten, Cousinen, Cousins ersten Grades, samt deren Partnern und Kindern, einbeziehend.

In Afrika ist dies noch anders. Doch die „Ent"-wicklung steht nicht still. Sie hinkt nur westlichen Standards hinterher, ist zeitverzögert. Also auch hier, über einen langen Zeitraum, unmerklich fast, wie ehedem in den westlichen Ländern, verändert sich alles.

Als Beobachterin dieses Prozesses profitierte mein Verständnis sehr davon, dass ich das, wo ich in Europa all die Jahre „live" dabei war, in Afrika noch einmal in Zeitlupe vorgeführt bekam und somit viel besser – auch die Unausweichlichkeit dieses Niedergangs - nachvollziehen konnte. Unausweichlich jedoch – warum?, so fragte ich mich. Manches Mal wünschte ich mir, da mit dem „Fort"schritt auf technischen Gebieten gleichzeitig ein Rückschritt in Sachen „warmherzige Beziehungen" einherging, er möge doch stoppen! (Interessanterweise haben wir nun einen „STOPP". Aber es ist wirklich keiner, im von mir hier gemeinten Sinn.)

In diesem schleichenden Prozess wurden und werden weiterhin Werte verdreht, gar verkehrt. Sehr viele, ja viel zu viele, sehen dies als „natürlich" und daher unvermeidlich an. Richtet man seinen Fokus einmal darauf, was Mittelpunkt der Werte FRÜHER einmal war, erkennt man, dass sich die sogenannte Entwicklung gegen etwas Bestimmtes richtet. Weil dies auf so vielen Ebenen geschieht und die Menschen von dem, was wirklich zählt, mit unterschiedlichsten, gut getarnten „Waffen" abgebracht werden, erkennt man den gemeinsamen Nenner nicht so leicht. Wer es sehen will, sieht jedoch klar, was, oder, besser gesagt WER langsam, aber stetig aus dem Zentrum heraus in den Hintergrund rückt. Das Christentum. Der, dem wir alles verdanken, der alles lenkt, auch heute noch: GOTT, und der, welcher uns, als DER Weg, in die Wahrheit führt: JESUS CHRISTUS. DAS WIRKLICHE LEBEN!

Der Kern familiären Lebens, so erinnere ich mich noch gut, war tatsächlich einmal das, woran wir gemeinsam glaubten. Der Glaube an JESUS vereinte uns, gab zumindest dem Zusammenleben Halt. Wenn auch für sehr viele nicht aus innerer Überzeugung, sondern aus reiner Routine, derselben, in der man auch heutzutage noch den Weihnachtsbaum schmückt. Früher legte der einzelne doch in einem entscheidenden Maße Wert darauf, Familienbande durch Ansprechbarkeit und herzliche Anteilname am Geschick des anderen, zu stärken. Christliche Feste, Sonntage, bildeten den Rahmen dafür. Heute sieht man alles „locker".

Heute erscheint es stattdessen normal, ja selbstverständlich, das weithin akzeptierte Argument hochzuhalten, und nicht zu erkennen, dass es sich gegen Christus richtet: „jeder soll sein Ding machen, vollkommen ungestört von wem auch immer, auch von Familienmitgliedern". Das klingt ja auch sehr gut, auf den ersten Blick. Auf den zweiten Blick ist es ein hochnarzisstisches Modell, lässt sich doch das einzige Gesetz Satans darin erkennen, sein: „Tue, was du willst". Wie viele leben heute genau diesem Motto?, gleichzeitig denkend, auf einem guten Weg zu sein?

Nur wenn man genauer hinschaut, also die Folgen betrachtend, erkennt man darin überhaupt erst einen Verlust.

TIEFSCHLAF

Wenn wir in einen Zug einsteigen, es uns während der Fahrt hinter zugezogenen Vorhängen gemütlich machen, streckenweise einnicken, achten wir nicht mehr darauf, wohin dieser Zug eigentlich fährt. Das Erwachen kann bitter werden, nämlich sich an einem Ort wiederzufinden, den wir bewusst als Zielort nie gewählt hätten. Das ist eine Analogie dafür, dass viele zu vieles ungeprüft hinnehmen. Dies gilt auch für den Glauben. Einst mag er Bestandteil des Lebens gewesen sein, da wir in eine Zeit hinein geboren wurden, in der es noch normal war, Christ zu sein, die Kirche zu besuchen, alles zu durchlaufen, von dem man dachte, was gemeinhin einen Christen ausmacht, von der Taufe bis hin zu Kommunion, Firmung, Konfirmation, je nachdem, ob protestantischen oder katholischen Glaubens. Heute jedoch, scheint es nicht nur so, dass Glauben nicht mehr selbstverständlich ist; sondern ist eine oft erfahrene schmerzende Tatsache: Man muss sich regelrecht dafür verteidigen, so man für JESUS CHRISTUS einsteht. Das könnt Ihr eventuell, (ich wünsche es mir nicht), sogar an Euren eigenen abwehrenden Reaktionen auf die gute Botschaft hin, überprüfen.

WOHIN FÄHRT DER ZUG?

Das geht wunderbar und stimmig nur aus der Bibel hervor. Was wir jetzt schon ZWEIFELSFREI wissen können: Auf jeden Fall wird unser irdisches Leben einmal enden. Für Deine Reise JETZT und HEUTE auf eine Endstation hingewiesen zu werden, darauf, dass es auf etwas Wichtiges ankommt, will ein Mensch in die Ewigkeit mit GOTT gelangen, etwas, mit dem Du bisher womöglich nicht gerechnet hattest, dazu ist meine Lektüre da. Vielleicht hast auch Du etwas nachzuholen, was Deine rettende Beziehung zu GOTT anbelangt. Es ist nicht schwer. Versäume es jedoch nicht! Das wichtigste vorweg: In der Kirche zu sein, genügt nicht! Auch Gutsein nach menschlichem Ermessen erschließt einem Menschen den Himmel nicht! Auch Taufe und Konfirmation bezeugen LÄNGST nicht Deine, von Gott geforderte, Herzensbeteiligung und Nachfolgerschaft Christi. Neben anderen, sind Katholizismus und Atheismus gleichermaßen ungeeignete, einen Menschen nicht zu GOTT bringende Irrwege.

WAS ICH EUCH MEHR ALS ALLES ANDERE WÜNSCHE:

Ach, könnte all Eure, all Deine Hoffnung JESUS Christus gelten! Ja, ich hoffe, dass JESUS Dich mit ganzer Kraft im Herzen erreicht. Über das, was „danach" kommt, entscheidet, ob man im Buch des Lebens geschrieben steht. Deswegen müssen wir alles ernst nehmen, was dazu führt, dort auch eingetragen zu sein. Es gibt nur zwei Möglichkeiten. Und man muss sich zu Lebzeiten entscheiden. ALLES darüber ist in der Bibel zu finden, in GOTTES WORT.

DIE RECHNUNG OHNE DEN WIRT, UNSEREN HERRN, GEMACHT

Eigentlich müsste man schockiert sein darüber, wie es dazu kam, dass Einstellungen, die früher glasklar und eindeutig FÜR JESUS,

FÜR GOTT waren, sich so unerkannt in ihr Gegenteil verkehrt haben. Vielerorts unbemerkt ist auch, dass sie die Menschheit mit sich in den Abgrund reißen.

Wie es dazu kam? Es ist, basierend auf offensichtlichen Fakten schnell erklärt. Während die meisten sich fleißig und rechtschaffen darum kümmerten, sich und ihre Lieben durchzubringen, sie, wenn möglich, auch noch materiell abzusichern, gab und gibt es andere, die sich diese Ausschließlichkeit menschlicher Interessen und Anstrengungen zunutze machen und machten, um Voraussetzungen zu schaffen, die sie mehr und mehr in das rein materielle Joch hineinzwangen. Darunter ist nicht etwa einfach „Geldgier" zu verstehen, als das, was Menschen auf diesen „Trip" brachte. Im Gegenteil, es sind die meisten doch sehr nette, in ihren Motivationen als „gut" zu bezeichnende Menschen, die dieser Falle deshalb nicht entkamen, weil sie den Lockvogel nicht erkannten.

Warum ist dies eine materielle Falle? - Materiell ist schlicht und einfach jemand, dessen Denken sich nicht in GOTT gründet, der nicht auf GOTT baut. Da dies die weltliche Erfolgsleiter schnell erklimmen lässt, hielten und halten die meisten sich an der Leiter, nicht aber an GOTT fest. Denn, was vorerst mit Belohnungen verbunden, etwa, „jemand zu sein", samt dem daraus resultierenden Beifall Gleichgesinnter, da denkt man nicht vordergründig daran, dass man mit Speck Mäuse fängt. Da denkt man, wie die Maus, nicht an das, was einem nach dem Genuss blüht. Nicht an das DANACH.

Die Rechnung sieht also so aus: Je mehr, je ausschließlicher, Menschen mit dem Genuss des irdischen Daseins beschäftigt sind, je mehr werden sie -, unmerklich aber stetig, von GOTT entfernt -, denken, dass tatsächlich alles vom Menschen, also von ihnen selbst abhängt. Sie haben sich – unerkannt – allein schon durch ihre Einstellung, ihre Lebensführung, ihren Unglauben, von GOTT losgesagt.

Hingegen dürfen wir uns, sobald wir in Christus sind, die Einstellung, dass Sünde und Tod hinter uns liegen, zu eigen machen:

Brüder, ich halte mich selbst nicht dafür, dass ich es ergriffen habe; eines aber tue ich: Ich vergesse, was dahinten ist, und strecke mich aus nach dem, was vor mir liegt, und jage auf das Ziel zu, den Kampfpreis der himmlischen Berufung in Christus Jesus.

Phil 3, 13.14

AUFEINANDER „LOSGELASSEN"

Der Mensch heute fühlt sich mittels Angst in die Ecke getrieben, er ist sogar so panisch, dass er sich zum Spitzel machen lässt, der andere, vermeintlich um seiner eigenen oder der Gesundheit seiner Mitmenschen willen kontrolliert. Fähig und bereit sein zur Denunziation bedeutet, wir haben damit die unterste Stufe des Menschseins erreicht. Einen Punkt, an den die Menschheit im Laufe der Geschichte immer wieder einmal sank. Unbemerkt bleibt, dass dies IMMER mit Gottlosigkeit in einer Zeitepoche zu tun hatte und hat. Das ist der gemeinsame Nenner ähnlich deprimierender Zeiten auf der Welt. Doch dieses Mal ist es schlimmer als jemals zuvor. Wie wir dies wissen können? Es steht geschrieben. GOTT zieht SEINEN Plan durch. Der Weg und der Ausgang stehen fest. Das Alpha und Omega. Anfang und Ende.

GOTTLOSIGKEIT IST DER SCHLÜSSEL ZUM ABGRUND

Und da es so ist, müssen wir auch mit der Lösung da ansetzen, nirgends sonst, wo Menschen wieder zu GOTT zurückgeführt werden. Um dabei mitzuhelfen, muss uns selbst vollkommen klar sein, dass nur ER retten kann. Und dass ALLE, ausnahmslos ALLE, die IHN nicht annahmen, verloren sein werden, ja, es bereits sind.

Kein „normaler" Mensch würde sich sein eigenes Todesurteil aussprechen. Doch es ist der Mensch heute nicht mehr „normal".

NARZISSMUS IN REINFORM

Nur deswegen, weil wir GOTT aus den Augen verloren haben, uns in die entgegengesetzte Richtung haben manipulieren lassen, wird nun ganz freiwillig nach diesem Maßstab gemessen: Gesundheit first, das Körperliche: FIRST! Wohlbefinden first. Bequemlichkeit first. Alles, was den Augen und Ohren süß schmeckt, first! Alles, was die Ohren kitzelt: First! Sogar Kinder werden im Mutterleib getötet unter dem Motto: Bequemlichkeit first. Es reicht also sogar bis hin zum legitimierten Mord, dass das eigene Bedürfnis nach einem bequemen Leben dem Lebendürfen des eigenen Kindes vorgeht!

Dabei sollte es heißen:

GOD FIRST! GOTT MÜSSTE AN ALLERERSTER STELLE STEHEN.

Das bedeutet dieser Vers also, wenn er sagt: Seid nicht gleichförmig dieser Welt. GOTT ist nicht den Dingen und Belangen dieser Welt unterzuordnen, sondern umgekehrt:

ALLES IST GOTT UNTERZUORDNEN!

IN RICHTIGEN RELATIONEN DENKEN UND LEBEN

Für den neuen Christen, den "Frischling", kennzeichnend soll sein, seine Entscheidung zu JESUS ernst zu nehmen, indem er alle „anderen" Dinge des Lebens GOTT unterordnet.

- Es gibt in Wirklichkeit gar keine „anderen" Dinge!, sobald man alles im Einklang mit GOTT sieht und tut. ALLES, gar ALLES hat, sobald wir eine persönliche Beziehung zu IHM pflegen, mit GOTT zu tun! Alles hat einen bestimmten Stellenwert vor GOTT und muss auch demnach behandelt werden. Die Richtlinien kann man in der Bibel nachlesen.

So nur, dies anerkennend, IHM folgend, wird JESUS, DER HEILIGE GEIST, den inneren Menschen erwecken dürfen und können.

NICHT TRENNEN, WAS ZUSAMMENGEHÖRT

Denn in unserer Zeit gilt nach wie vor:

Glaube und Gehorsam werden Berge bewegen. Berge des Bösen und Berge von Schwierigkeiten.

Aber Glaube und Gehorsam müssen Hand in Hand gehen.

Corrie ten Boom

Wir dürfen es also nicht bei einem Lippenbekenntnis belassen, sondern müssen GOTTES WILLEN erforschen und ihm gehorchen.

Nur so werden wir geschützt durch alle – sehr furchterregenden – Belange, die mit größter Sicherheit auf uns zukommen und bereits in die Tat umgesetzt werden, geleitet werden.

Der sicherste Ort auf Erden ist im Zentrum von Gottes Willen. Der gefährlichste Platz aber ist dort, wo wir außerhalb von diesem Willen sind.

Corrie ten Boom

Wir müssen also sehr genau zwischen den beiden „Willensarten" unterscheiden lernen. Die Bitte um Weisheit durch den Heiligen Geist, wird uns zur Einsicht verhelfen.

BEDENKE: WIEDERGEBURT BEDEUTET, DER ALTE MENSCH IST GESTORBEN – DARAN SOLL DIE TAUFE ERINNERN

Zu Anfang, oder wenn man noch tief drinsteckt im „Gutes tun", ist es immer im Sinne der Welt. Man ist an den Gleichklang mit ihr gewöhnt. Oder, so man gewohnheitsmäßig mit allem in Opposition ist, geschieht auch dies aus Eigenwillen. Beide Arten Mensch folgen der Gewohnheit und ordneten sich bislang nie etwas Höherem als dem eigenen Gutdünken unter.

Der Gutmensch, der (unerkannt) alle Unebenheiten zugunsten der Konformität mit der Welt ausbügelt, Konflikten ausweichen möchte, will beispielsweise nicht Termine versäumen, „nur" wegen GOTT, - „der kann doch warten"; man möchte sich keine Sympathien verscherzen, nur indem man zu GOTT steht und dies klar sagt; man möchte an den Annehmlichkeiten der Welt genauso teilhaben wie auch – möglichst – an der Errettung. Man denkt sich nichts dabei, zwei Herren zu dienen. Oft tut man es, weil man dem Bild frönt, das man selbst von sich hat. Man bedenkt nicht, dass es nur das „Bild" ist, für das man Anerkennung bekommt. Und das man nur wegen dieser Bestätigung für andere aufrecht erhält. Da heraus eben auch ein falsches GOTTESBILD hat, denn man stellt ja sich, sein Bild von sich, VOR GOTT. Man kann aber nicht zwei Herren dienen, ohne einen davon zu benachteiligen. Man kann das leicht überprüfen, wo man zugunsten GOTTESDIENST anderes vorschiebt. Das ist immer der Teufel, der unentdeckt sein Spiel im Menschen selbst treibt, (indem er ihm Dinge einflüstert, die der Mensch für seine eigenen Gedanken hält), denn:

Der Feind will unsere Beziehung zu JESUS CHRISTUS im Keim ersticken. Dass es ihm gelingt, zeigt sich darin, dass jemand dem falschen HERRN untertan ist. Den anderen -, unausweichlich -, wird er hassen. Ein tiefgreifender Konflikt entsteht, im negativen Sinne folgenreich, wenn er dem falschen HERRN den Vorrang gibt.

Niemand kann zwei Herren dienen: entweder er wird den einen hassen und den anderen lieben, oder er wird dem einen anhangen und den andern verachten. Ihr könnt nicht GOTT dienen und dem Mammon (der Welt).

Matthäus 6, 24

DAS ZIEL

Vergessen wir es nie. Alles läuft darauf hinaus: In die SEELEN-ERNTE! Der endgültige Zielort, der Platz, an dem der Mensch in Ewigkeit unterkommen wird, richtet sich nach demjenigen aus, dem ein Mensch gedient hat. So einfach es zu verstehen ist, so leicht wird es vergessen. Wie genau erkundigt man sich auf einem Bahnhof und löst seinen Fahrschein, sorgfältig passend zum gewünschten Ziel. In Hinblick auf das Ziel ihres Lebens jedoch haben die meisten – unerkannt – ihr Ticket in die Hölle gelöst.

Satan möchte so viele wie möglich in den Abgrund mitreißen. Da er weiß, dass er unumkehrbar dort landen wird, ist sein einziger Trumpf, GOTT noch so viele wie möglich Seelen zu entreißen.

Im Gegensatz zu Gott, der die Menschen liebt, ist Satan ein Menschenmörder von Anfang an (Joh 8, 44). Von Anfang der Menschheitsgeschichte an war es sein Ziel, die Gläubigen von der Erde zu beseitigen.

Wer ist es, der zu Satan gehört? - ALLE, die nicht JESUS CHRISTUS ANNAHMEN, mögen sie noch so „gut" sein.

GEMEINSCHAFTSLEBEN

Das macht das Gemeinschaftsleben so wichtig: Nirgends sonst wird ein Gläubiger Anleitung und Warnungen erfahren, um Abweichungen aufzuzeigen und zu korrigieren, aber vor allem auch Trost und Zuspruch erhalten. Der Neuling im Glauben rechnet nicht mit den Täuschungsmanövern Satans, da er doch bislang – ohne es zu bemerken – ihm „hörig" war. Satan wird auf jeden Fall mit allen Mitteln versuchen, ihn vom richtigen Weg wieder fortzulocken. Satan rechnet vor allem mit denen, die denken, sie wüssten schon, was sie tun, ehe sie die Bibel überhaupt kennen.

Die Umkehr bedeutet einen Herrschaftswechsel. Davor die Einsicht, dass ALLES, was nicht von GOTT ist, also nicht mit SEINEM WORT übereinstimmt, von Satan kommt. Denn es gibt, unumstößlich, obwohl viele sich auf eine „größere Auswahl an Möglichkeiten" berufen, **nur zwei** Wege! Niemand kann Satan entrinnen, der nicht unter GOTTES Schutz und Schirm steht. Nur durch die Wiedergeburt ist er aus der Welt heraus und IN DIE GEMEINSCHAFT AUS GOTTESKINDERN gehoben:

DAS BEDEUTET GOTTES WILLEN TUN

Dass dies leicht ist, stimmt nicht. Der „alte Mensch" will es überhaupt nicht. Weil in den Kirchen nicht oder zu wenig über die Notwendigkeit der Wiedergeburt zur Errettung aufgeklärt wird, sind ein Großteil der Christen nur so genannte. Sie halten sich für gerettet, während sie ihr Leben im alten, unerlösten Modus des Eigenwillens fortführen. Je tiefer die Bekehrung in unser Herz gegründet ist, umso weniger wird der „alte Mensch" künstlich, durch Nutzung der alten, weltlichen Zufuhrquelle aus Begierden wiederbelebt. GOTTES WILLEN zu tun, ist aber nur dann leicht, so wir GOTT gehorchen; hier ist der Weg gleichzeitig das Ziel. Es wird uns selbst durch unsere Wesenswandlung wichtig werden, die Welt zu überwinden. Die Welt, die gesamte Welt steht zwar unter dem Willen GOTTES, auf dessen Willen hin aber Satan Erlaubnis erhielt, dort die Vorherrschaft auszuüben. Und wie er nun wütet!, wir können es sehen: Alles ist voller Dreck. Alle Werte sind im Schmutz, Beziehungen zerstört –, und, wie könnte es anders sein, sind es vor allem die Beziehungen zwischen Gottesfürchtigen und Gottlosen. Familien und Freundschaften zerbrechen an Dingen, die früher einfach nur als „andere Sichtweise" toleriert, ja geachtet und besprochen, gar als Bereicherung gesehen wurden.

Warum? - Es ist derselbe Grund, wie der, warum man JESUS hasste. Er erinnerte die Menschen an GOTT. Sie aber wollten nach wie vor der Sünde frönen. Was bedeutet, lieber der Welt und ihrem Fürsten, Satan, untertänig zu sein, als die Sünde aufgeben.

Und seid nicht gleichförmig dieser Welt, sondern werdet verwandelt durch die Erneuerung des Sinnes, dass ihr prüfen mögt, was der Wille Gottes ist: das Gute und Wohlgefällige und Vollkommene.
Römer 12, 2

Es ist überaus wichtig zu wissen, dass diejenigen, die ihr altes Leben hochhalten, also dem nachgehen, was sie „Leben" nennen, mag es gewohnheitsmäßig wie früher ablaufen, mag es sein, ausschließlich Vergnügen daran zu finden, sich selbst zu erfahren, wie etwa beim Sport, im „Wellnessbetrieb", im Karrierestreben, durch „Selbstfindungskurse", durch eigenwillige „Erlösungswege", heilsversprechende Irrwege, es verlieren werden. All dies ist egozentrisches „auf sich selbst als den Nabel der Welt bezogen sein" - mit entsprechendem Ausgang und Lohn.

Denn wer sein Leben will behalten, der wird's verlieren; und wer sein Leben verliert um meinet-und des Evangeliums willen, der wird's behalten. Lukas 9,24

Jesus aber sprach zu ihm: Wer seine Hand an den Pflug legt und sieht zurück der ist nicht geschickt zum Reich Gottes.

Lukas 9, 61

TOD GEGEN LEBEN EINTAUSCHEN

Satan setzt also alles daran, dass wir nicht zur Wiedergeburt durchstoßen, sondern unser altes Leben fortführen. Dieses aber ist der sichere TOD!

Satan weiß nicht, was LEBEN ist. Er weiß nur, dass EINER es hat: JESUS CHRISTUS.

So neidet er IHM und DESSEN Nachfolgern das LEBEN und nimmt Rache, indem er alles versucht, Menschenseelen an sich, damit an Sünde und Tod, an die ewige Verdammnis, zu binden; durch sein Angebot an „LEBENSKOPIEN". Suchtmäßig betriebene Freizeitbeschäftigungen halten den Menschen vom WORT ab. Dazu gehört auch die Suche nach Channeling-Botschaften und anderen verderblichen Einflüssen im Internet. „Channeling" kommt von sogenannten „Engeln des Lichts", verkleideten Vasallen von Satan. - DÄMONEN! Satan will Herrschaft ausüben, er möchte wie GOTT sein. Er ist ein Lügner und Täuschungsmeister, vergessen wir dies also nicht. Er nutzt Verkleidungen! Ihm ist es nicht nur egal, dass Menschenseelen verloren gehen. Er legt es darauf an. Wie gewinnt er

Macht über sie? - Indem er ihnen das Leben auf Erden als das einzig mögliche Leben vormacht; den eigenen Verstand und den anderer als die verlässlichste Quelle von Weisheit vorgaukelt; dieser Glaube an unsere eigene Allmacht lässt uns die Bibel verschmähen; sie in ihrer Kraft und Bedeutung herabsetzen.

Mithilfe dieser Täuschungen er über das, was Menschen fälschlicherweise „LEBEN" nennen, also den alltäglichen, ungestörten, von ihm beeinflussten Ablauf, Satan übrigens jetzt sein Siegel legt, das heißt, dass diese, als „Leben" angepriesene Lebenskopie erschwert wird, sodass Menschen, die nicht das WAHRE Leben haben, in Angst verfallen, die tatsächlich Todesangst ist. Sie besitzen ja nichts als ihr, zwar leidlich ausgekostetes, jedoch geistlich verarmtes, dürftiges, endliches Sein. Leider bangen sie um ihr sterbliches, nicht das ewige Leben. Man kann es jetzt bereits deutlich beobachten. Die Menschen haben Angst um ihr Leben und wissen nicht, dass sie es noch gar nicht besitzen. Sie krallen sich mit aller Kraft an eine miese, weil wertlose Kopie. In ihr verbleibend, sind sie bereits tot; tot ist, wer noch nicht wiedergeboren, das heißt, mit JESUS vom Tod auferstanden sind. Die Angst wiederum verhindert, dass der Mensch sich tatsächlich vom scheinbaren Leben löst, sich JESUS CHRISTUS zuwendet und DAS WIRKLICHE LEBEN findet. Gratis. Umsonst. Ein tödlicher Kreislauf ist es also, der einen Menschen an dem, was er nur glaubt zu haben, festhalten lässt; der nur durch die Umkehr durchbrochen werden kann. Nur durch Buße und Glauben an JESUS CHRISTUS, lässt der Mensch die Sünde hinter sich. Und dann erkennt er sofort, dass er davor nicht lebte, sondern tot war. Wie Schuppen fällt es ihm von den Augen. Er ist sehend geworden und möchte nun nichts mehr, als GOTT dienen.

Aber Jesus sprach zu ihm: Laß die Toten ihre Toten begraben; gehe du aber hin und verkündige das Reich Gottes!
Lukas 9, 60

SATANS, AUF GOTTESKINDER UNWIRKSA-MER, MACHTANSPRUCH

Es sieht also so aus: Indem „er", der Satan, (der übrigens genau so in Form von Menschen auftritt, wie diejenigen, in denen GOTT herrscht, da JEDER Mensch entweder ein Vertreter Satans oder GOTTES ist), seine gierige Hand über alles legt, es verwaltend, was auf Erden so „Leben" genannt wird, kriegt er diejenigen in seine Falle, die kein anderes Leben kennen. Oft wird das Angebot, es kennenzulernen, etwa bei der Evangelisation, nicht wirklich als das erkannt, was es ist: LEBENSSPENDEND; LEBEN RETTEND. DIE WARNUNG GILT, DASS SATAN BESONDERS (unerkannt von ihnen) ÜBER DIE HERFALLEN WIRD, DIE ER IM BEGRIFF IST

DURCH DIE BEKEHRUNG ZU VERLIEREN, IN DIE DER SAME GOTTES FRISCH GELEGT WORDEN IST. WESWEGEN ES SO UNGEMEIN WICHTIG IST, ganz stur, ganz klar, DABEI ZU BLEIBEN! ERSTMAL DIE BIBEL KENNENLERNEN, DA MAN OHNE DAS WORT KEINE SICHERE UNTERSCHEIDUNG ZWISCHEN FREUND (GOTT) UND FEIND (SATAN) HAT. Und keine Waffe für den geistlichen Kampf.

Wenn jemand das Wort von dem Reich hört und nicht versteht, so kommt der Arge und reißt hinweg, was da gesät ist in sein Herz; und das ist der, bei welchem an den Wege gesät ist.

Matthäus 13, 19

Somit sind Menschen tatsächlich auf ewig verloren, es sei denn, sie kommen noch rechtzeitig unter das schützende Dach des HERRN. Wenn die Saat auf fruchtbaren Boden fällt, geht sie auf und sie birgt das EWIGE LEBEN.

Nachfolger JESU sind von GOTT aus dem Herrschaftsbereich Satans entfernt worden. Doch muss dies auch gelebt werden, indem der neue HERR niemals verleugnet wird und man IHM nachfolgt, indem man nicht mehr sich selbst, (den „alten Adam") sondern IHN lebt. ER MÖCHTE SICH DURCH UNS VERWIRKLICHEN KÖNNEN. NACHFOLGER JESU CHRISTI GEHÖREN NICHT MEHR SICH SELBST SONDERN: I H M.

Wer verstanden hat, dass ein Mensch sich auch davor nicht selbst gehörte, sondern ein Sklave Satans war, dem lacht das Herz über den scheinbaren „Verlust".

Gib mir, mein Sohn, dein Herz, und laß deinen Augen meine Wege wohl gefallen.
Sprüche 23, 26

DIE PRAXIS

Man genießt SEINE NÄHE nur, wenn man seine Gedanken und Taten treu in IHN einschließt und SEINEN Ratschlag, SEINEN Trost, SEINE Führung, in Anspruch nimmt. Innige Hinwendung geschieht unter anderem durch das Gebet. Alles will erbeten sein! Dankbarkeit kommt aus der Einsicht, dass der Mensch OHNE GOTT tatsächlich NICHTS ist und hat.

Was das bedeutet? - ER ermächtigt uns, IHN eben auch ohne Zögern als Grund zu benennen, dass mal etwas eine Stunde später erst möglich ist. Dass wegen Bibellesen, Beten und Gottesdienst etwas anderes zurückstehen muss. Warum ist die Priorität GOTTES nur folgerichtig? - Weil man IHM ALLES verdankt.

Nur, wenn wir es vorleben, dass GOTT uns das Wichtigste ist, werden wir nicht nur selbst gefestigt werden im Glauben, sondern auch andere überzeugen! Auf wen wir vertrauen, dessen Lohn werden wir ernten!

Und was könnte uns denn wichtiger sein, als auch unsere Lieben im sicheren Hafen zu wissen?

Diese Wichtigkeit erkennt der Wiedergeborene schlagartig. Ihm ist plötzlich klar, WAS er gewann:

DAS EWIGE LEBEN! UND DIE ERKENNTNIS, DASS DIES BEDEUTET, DEM FURCHTBAREN GERICHT GOTTES, DER DARAUF FOLGENDEN EWIGEN VERDAMMNIS, ENTRONNNEN ZU SEIN. Klar, dass er sich dieses nun auch und besonders für seine Lieben wünscht!

Dem Feind (Satan) ist es äußerst wichtig, eines Menschen Vertrauen in GOTT durch Unentschiedenheit und Zweifel, aber auch durch Eigensinn zu zerstören. Und natürlich durch Angst.

Er baut darauf, dass Menschen nicht wissen, dass er keine Macht mehr über sie hat, sobald sie wiedergeboren sind.

Daher sollten ALLE um diese Teilhabe an der Gnade GOTTES ringen und beten.

Unser Bürgerrecht aber ist im Himmel, von woher wir auch den Herrn Jesus Christus erwarten als den Retter....

Phil 3, 20

JESUS SIEGTE, AUCH FÜR DICH!

Ja, aber...., woran erkenne ich das im Außen?

Wie sich das im Außen bemerkbar macht? - Wir müssen nicht auf das schauen, was wir vor uns sehen, sondern auf den wunderbaren Gewinn.

Nicht über dem scheinbaren Verlust der „Welt" (all dessen, was da vergänglich ist....), der Verlust des gewohnten Vergnügens, des Eigenlebens, der gewohnten Bequemlichkeiten, also des „alten Lebens" vergessen das, was der Gewinn ist:

SIEHE, ZUM HEIL WURDE MIR BITTERES LEID: DU, DU HAST LIEBEVOLL MEINE SEELE VON DER GRUBE DER VERNICHTUNG ZURÜCKGEHALTEN, DENN ALLE MEINE SÜNDEN HAST DU HINTER DEINEN RÜCKEN GEWORFEN.

Jesaja 38, 17

Die anderen, die Gottlosen, werden wehklagen, denn sie gehen leer aus. Sie werden sich weiter an den gewohnten Dingen der Erde erquicken wollen, aber sie werden mehr und mehr hungrig zurückbleiben. (Der Mensch lebt nicht vom Brot allein...) Die fleischliche Zufuhr wird limitiert. (Um Angst zu erzeugen). Beziehungsweise werden die Menschen immer mehr in den Strudel der Welt gezogen, indem sie, geistlich verarmt und hungrig zwar, ihre Nahrung dennoch nur dort in der Welt, nicht aber (bei) GOTT suchen. Sie werden zwar, so sie „spuren", das Nötigste zum Leben haben, wobei das Angebot dergestalt ist, die Bedürfnisse dahin gesteuert werden, dass alles in Zerstreuungen und Süchte, in falsche Abhängigkeiten, hineinführt. Um die Seele an den Teufel zu binden.

Und er antwortete und sprach: „Der Mensch lebt nicht vom Brot allein, sondern von einem jeglichen Wort, das durch den Mund Gottes geht."

Matthäus 4, 4

FÜRCHTE DICH NICHT

Uns GOTTESKINDERN wird gesagt, dass wir uns nicht fürchten sollen, denn all dies muss geschehen. Spreu und Weizen müssen sich zu erkennen geben, weswegen der Satan sich (eine von GOTT bestimmte Zeit nur) austoben darf. Wie gesagt, wir brauchen keine Angst zu haben und haben sie aber tatsächlich nur dann nicht, wenn wir fest und ruhig und besonnen auf JESUS schauen, auf das, was ER für uns tat. Schau auf das Kreuz! Von dort allein kommt unser Heil.

Beunruhigen Dich die Vorgänge auf der Welt?

Erinnere Dich daran:

GOTT weiß ganz genau, was er tut, wir können alles IHM überlassen, denn er richtet die Gerechtigkeit auf, die zu unseren Gunsten ist.

Habe deine Lust am Herrn; der wird dir geben, was dein Herz wünschet. Befiehl dem Herrn deine Wege und hoffe auf ihn; er wird's wohl machen. Psalm 37, 4.5

GOTT HANDELT IN DEINEM INTERESSE, ER RICHTET ZUGUNSTEN DES GUTEN

Warum kann GOTT nicht gleich sofort und für *unterschiedslos alle Menschen* paradiesische Zustände schaffen? - Scheuklappen tragen jene, die sich heftig gegen den strafenden GOTT aussprechen und nur den „liebenden" anerkennen wollen! Daraus wird dann ein neuer „Gott" gebastelt, der ganz und gar nicht der „WAHRE" ist. Diese Gottes-Einbildung – nichts anderes ist etwas, das nur auf Wunschvorstellungen beruht -, öffnet die Tür zu Dämonen. Satan macht sich diese Einstellung, „ich muss nur an das Gute glauben, was heißt, das Böse ausblenden" zunutze, da ja auch er durch das Raster derer, die das Böse negieren, fällt. Er kommt nicht als „der Böse" bei ihnen an. Er hat dann leichtes Spiel damit, Trügerisches einzublenden, eine heile Scheinwelt. Er erscheint ihnen als Engel des Lichts. (Siehe Esoterik, worunter auch all die Richtungen zählen, die

JESUS oder „das Göttliche" als ihr Zugpferd für die Kutsche in die Hölle benutzen. Meister, Gurus, Channel-Medien, Irrlehrer, nutzen diese Tarnkappe; sie täuscht perfekt all jene, die noch nicht Buße taten, also das BÖSE in sich selbst noch nicht anerkannt haben. Mit anderen Worten: Die nicht Wiedergeborenen.) Das „Böse" ist ihr „blinder Fleck", die Hintertüre, durch die es zu ihnen hereinkommt.

DIE EIGENSCHAFTEN GOTTES

GOTT, JESUS CHRISTUS, ist aber RETTER und RICHTER! Der – aus Angst und Ignoranz *verleugnete* - Richter richtet deswegen, um das GUTE vor dem Bösen zu schützen! ER muss richten, um zu retten!

Etwas tiefer in das WORT einzutauchen, würde größten Gewinn bringen. Die WAHRHEIT scheint die meisten, die Namenschristen, die Gutmenschen, noch nicht tief genug getroffen zu haben. Sie blenden furchtsam die Kehrseite der Medaille aus. Die des richtenden, strafenden GOTTES. Dabei sorgt er JA AUCH BESONDERS DURCH DIESE, SEINE RICHTENDE EIGENSCHAFT für uns, mittels der er das BÖSE von uns absondert, (Spreu und Weizen trennt

–, denn wäre das Paradies, das man mit uneinsichtigen, der Gnade entflohenen Mördern teilt, noch eines?), und nichts anderes von uns verlangt, als IHM vertrauensvoll zu folgen.

TEILUNG, TRENNUNG

Denn das Wort Gottes ist lebendig und kräftig und schärfer denn kein zweischneidig Schwert, und dringt durch, bis dass es scheidet Seele und Geist, auch Mark und Bein, und ist ein Richter der Gedanken und Sinne des Herzens.

Hebräer 4, 12

Auch wir werden geerntet oder verworfen. Indem wir uns vom Bösen fernhalten, das heißt, uns nicht mehr mit der Welt gemein machen, werden wir ebenfalls zur Ernte gehören. Im Grunde ist das, was jetzt gerade geschieht, ja, geschehen muss, eine Teilung; bildlich gesprochen, der Schnitt zwischen dem neuen Jerusalem, das uns bereitet ist zum ewigen Leben mit GOTT und der Hölle, zur ewigen Verdammnis mit Satan. Der Schnitt wird durch das WORT, scharf wie ein Schwert, gemacht. Für uns zählt, dass wir uns auf der richtigen Seite befinden! Das WORT selbst wird uns zur mächtigen Waffe. Es ist fähig, genau das voneinander zu trennen, was nie und nimmer zusammengehört. Die Spreu vom Weizen. Seele von Geist. GOTT von der Welt. Die Welt ist der Feind GOTTES.

....wisset ihr nicht, dass der Welt Freundschaft Gottes Feindschaft ist? Wer der Welt Freund sein will, der wird Gottes Feind sein.
Jakobus 4, 4

Wer sein Leben liebhat, der wird's verlieren; und wer sein Leben auf dieser Welt haßt, der wird's erhalten zum ewigen Leben.
Johannes 12, 25

Wer nicht mit mir ist, der ist gegen mich; und wer nicht mit mir sammelt, der zerstreut!
Lukas 11, 23

AUS MEINEM LEBEN ERZÄHLT

Innerhalb einer fast nur katholischen Bevölkerung bin ich evangelisch aufgewachsen. Mein Vater, ursprünglich katholisch, trat, nachdem er meine Mutter kennen- und lieben gelernt hatte, zum evangelischen Glauben über. Von ihr bezog er den „Schliff", also alles, was er wegen der katholischen Erziehung nicht über den reformierten Glauben, mitbekommen haben konnte, erhielt er später von

meiner – man kann sagen – streng evangelisch/lutherischen Mutter.
Sie kannte dem Katholizismus gegenüber (berechtigterweise) keine
Gnade, hatte sie doch einen, sich sehr vom Katholizismus abheben-
den Glauben von zu Hause mitbekommen, geprägt weniger von der
intensiven persönlichen Beziehung ihrer Mutter zu JESUS, sondern
vor allem durch ihre Schulausbildung im, von Pastor Bodel-
schwingh gegründeten Bethel. Martin Luther war ihr „Idol". Dies
aber auch, weil sie am selben Tag geboren war wie er. Dieser Umstand bildete aber die einzige Ausnahme: Um Luthers Ehre willen,
sich meine durch und durch bescheidene Mama ein wenig Stolz er-
laubte.

Mama war also eine „Lutheranerin", während meine Großmutter aber einer urchristlichen Gemeinschaft, die noch den freien Geist
unseres HERRN JESUS CHRISTUS atmete, angehörte. Das war nicht
gern gesehen. Darüber sprach man nicht. Ich weiß es nur, weil
Mama es ein einziges Mal mir erzählt hatte. Nie wieder tat sie den
Mund darüber auf, wenn ich, hellhörig geworden, nachforschte. Ihr,
die niemals jemanden verurteilte, auch aus falsch verstandener Auf-
fassung, dass Fakten zu benennen, bereits eine Verurteilung sei, hat
es wohl zu denken gegeben und sie ihre spontane Heftigkeit nach-
träglich bereuen lassen, mit der sie den Worten Nachdruck verliehen
hatte: „Unsere Mutter war ja in einer urchristlichen Sekte, das haben
wir Kinder nicht gerne gesehen."

Was ich darüber weiter erfuhr, konnte ich also „nur" dem innigen Leben Omas mit JESUS entnehmen, an dem sie mich, wie gesagt, sechs Wochen lang teilhaben ließ, die wunderschöne, unvergessliche Sommer-Ferienzeit lang, die sich mehr als jede andere Erfahrung in meiner Erinnerung dauerhaft beheimatet hat. Sie, diese Erinnerung ist nachgerade das sicher ankernde Schiff meiner Kindheit. Ja, Oma war „anders" als die gewöhnlichen Kirchgänger. Durch sie kam ich auch zu meinem allerersten Berufswunsch. Nachdem sie mich mit Lektüre über das Wirken selbstloser christlicher Frauen in Indien im Namen Jesu versorgt hatte, einem kleinen Taschenbuch, das ich so oft las, bis es fast auseinanderfiel, stand es für mich fest: Ich wollte Missionarin werden.

Das hat sich schließlich erfüllt. Ich lebe mit meinem Mann, der seit 20 Jahren Pastor ist, in Ostafrika. Gemeinsam richten wir uns an die, welche umkehren wollen und die, welchen der Ruf JESU als in die Tat umzusetzende Aufforderung gilt, IHM ihr Leben zu übergeben und im Glauben kontinuierlich zu wachsen; und an jene Gläubigen, die zu zweifeln beginnen, ob sie noch länger gemütlich in der Autobahnauffahrt campieren sollen, beharrend auf dem Status Quo eines einmal erreichten Glaubensstandes als Heilsgarantie – ohne Werke.

In meiner salzburgischen Gebirgsheimat war man also katholisch. Die katholischen Bräuche mit ihren prunkvollen Umzügen, etwa anlässlich Fronleichnam, lehrte meine Mama mich misstrauisch zu beäugen, Götzendienst nannte sie es. Lebenslang waren ihr die Gebete, die heruntergeleiert wurden, suspekt. Ebenso verabscheute sie die Marienverehrung. Daraus machte sie, die sonst sehr zurückhaltend war, nie ein Hehl. Zu den drei evangelischen Schülern der Klasse zählte ich. Nicht, dass ein Religionskrieg geherrscht hätte. Der mich, als Zielscheibe seines Spottes, auserkoren hatte, war ausgerechnet einer der beiden Buben evangelischen Glaubens gewesen. Von der „sauberen", der speziellen norddeutsch-protestantisch gefärbten Atmosphäre bei mir daheim, in der man Hochdeutsch sprach, in der kein derbes Wort fiel, ist in Mamas neuer Heimat, in die ich hineingeboren wurde, nichts zu spüren gewesen. Stattdessen wurden prahlerische Worte verkündet und mobbten sie -, ja, gar rohe Gewalt traf auf mich. Ich weiß noch, wie ich von dem Jungen in einem unbeobachteten Moment gepackt und gegen die Rippen der Heizung geschleudert wurde. Betäubt rappelte ich mich erst nach einer Weile, ein großes, kreiselndes „Warum?" im Kopf, auf. Die Beule am Kopf schmerzte nicht nur, sie blutete auch. Der Täter grinsend beobachtend, wie ich langsam wieder hochkam. Meine Schulter färbte sich die nächste Zeit von blau über grün bis gelb ein.

Meine Jugend war eine Zeit, in der *meine* übernommenen Werte, aber auch, von fast allen unbemerkt, ganz generell diejenigen der Welt ebenfalls umgefärbt wurden.

Ich war zwiegespalten. Hier der gute Hirte, der all unsere Sünden und Sorgen auf sich nahm, dort diese Art von jungen Menschen, deren Bekanntschaft ich erst in besagter Schule machte. Das Klima wechselte. Ein scharfer Wind wehte ab nun. In der Schule davor war ich gut behütet gewesen. Ein träumerisch-dichterisch ausgerichteter Klassenlehrer hatte dafür gesorgt, dass mir die raue Wirklichkeit noch erspart blieb. Meine ganze Erwartungshaltung war auf das Gute und Schöne und Wahre ausgerichtet. Kein Wunder: Mama sang, lehrte meine zwei Jahre jüngere Schwester und mich Lieder, wir beteten vor den Mahlzeiten und das Abendgebet. Wir besuchten den, von der wunderschönen und sanften Frau des von allen sehr geliebten Pfarrers geleiteten Kindergottesdienst. Es war ein deutsches Ehepaar, das in die neu erbaute evangelische Auferstehungskirche berufen worden war. Der Einfluss auf unsere Familie kam viel mehr von Mamas deutscher, denn Papas österreichischer Seite her. Die Dinge waren bis zu einem gewissen Zeitpunkt also noch in Ordnung. Heute erkenne ich, in welchem Ausmaß ich in Bezügen dachte, die auch diejenigen meiner deutschen Verwandtschaft, also auch die meiner Mutter waren, innerhalb denen tatsächlich die Welt heil war. Oder schien sie es nur zu sein? Ich hätte dazumal, da Omas

Vorbild einer wahren Christin noch auf ihre Kinder, meine Mama, meinen Onkel und meine Tante, zurückstrahlte, den Unterschied zwischen Namenschristen und jemandem, der eine echte Beziehung zu JESUS CHRISTUS pflegte, nicht definieren können. Ich begann früh damit, unserem Herrn Pfarrer Fragen vorzutragen, schwierig genug für jemanden, der gar nicht wusste, wonach er eigentlich suchte, zugleich aber spürte, dass von der Botschaft Jesu etwas fehlte. Der Pfarrer war gütig und mild -, mit einem andersgearteten hätte ich es mir wahrscheinlich ganz schnell verscherzt gehabt. Überzeugende Antworten sollte aber Oma mir geben, eben nicht nur durch Worte, sondern durch die Gegenwart Jesu Christi in ihrem Leben. Spät im Leben war ich mir aber erst sicher, dass es Christus war, der allein in dieser Welt einen Unterschied machte, darüber hinaus, dass es solche und solche Christen gab und dass weder Kirchenbesuch noch Pfarramt ein Garant dafür war, Christ zu sein.

Warum mobbte man mich und warum hörte es nie – auch innerhalb der Familie nie - auf?

Weil ich auf vieles, aufgrund der Widersprüchlichkeiten, die ich schon damals in den Aussagen der Menschen, ganz zu schweigen zwischen ihrem Reden und Tun, bemerkte, nicht ohne anzuecken, reagieren konnte. Was mir fehlte, war Diplomatie. Ich war, sozusagen, „gradeaus". Papa kümmerte sich um daraus entspringende Konflikte nicht, er pochte auf sein Recht auf Ruhe, weil voll und ganz in der aufzubauenden Firma engagiert. Mama, die mich durchaus hätte schützen können, tat es aber nicht. Nur ein einziges Mal wagte sie meine Partei zu ergreifen als Reaktion auf die unverhohlene, drohende Wut meines Bruders auf mich, doch erst, als alle, die es miterlebt und geschwiegen hatten, gegangen waren. Da kam sie mir hinterher, fand mich schluchzend in eine Ecke zusammengekauert und sagte, „versteh doch, ihr habt ganz verschiedene Wege, dein Bruder und du." Etwas getröstet hatte mich ihre Aufmerksamkeit zwar schon. Doch beinhaltete diese Andeutung, nachdem eine Zurechtweisung meines Bruders ausgeblieben war, doch wieder nur mehr Verständnis für meinen Bruder als mich. So viel sei, stellvertretend viele ähnliche, tiefsten Kummer auslösende Begebenheiten, hier darüber gesagt. Mama, der die Brille mit der ihr aufgeprägten Wetterlage zeitlebens nicht abhandenkam, merkte erst recht nichts davon, dass ihre mitgebrachten Prinzipien, angemessen anständigen deutschen Jungen und Mädchen, im Bergland, in das die Liebe sie verweht hatte, überhaupt nicht gültig waren. Ja mehr noch, hatten sie hier nie existiert. Erst gestern war die Realität, ehe sie vom Krieg abgelöst wurde, ein erbarmungsloser Klassenkampf gewesen, mit, wie Leibeigene gehaltenen, Knechten, Mägden und unehelichen Verdingkindern und Lohnarbeitern, die für etwas im Magen und ein Dach über dem Kopf, in Schürfstollen ihr Leben riskierten. Ausbeutung und Missbrauch herrschten. Der Kriegstod hatte Auslese in einem, der winterharten Natur, aber auch der primitiven Natur des Menschen ausgesetzten Gebiet gehalten, unter Menschen gewütet, die bis dahin schon kaum einen Fuß im Leben drin hatten. Als ein unerbittlicher Sturmwind hatte der zweite Weltkrieg an den Bäumen gerüttelt und erstaunlicherweise oft das, gerade das, was schon davor nicht niet- und nagelfest gewesen war, verschont gelassen. Auch meinem Vater, einem „Verdingkind", hat er nicht nur das Leben gelassen, sondern sogar die Aussicht auf ein *besseres* Leben geschenkt. Aber noch, als meine Mama in das Alpenland einheiratete, bis zu meinem Eintritt ins Gymnasium, hatte man sich, hatten sich alle rundum, gerade erst mal so aufgerappelt. Sie waren Überlebende. Mehr nicht. Über Reserven verfügte man nicht. Es gab ja keine Kronen mehr, die man hätte nur richten und weiter schreiten können. Man musste sich, ja das Leben, vollkommen neu definieren. Man wollte nach überstandenem Schrecken seine ganze Kraft hineinsetzen, nicht nur neu aufzubauen, sondern etwas „ganz Neues" zu erschaffen. Noch hatte sich nichts Konkretes geformt. Wie gut die Knospen aber dazumal im Saft standen, das zeigen die Bilder meiner Eltern aus jener Zeit. Zwei, durch überstandene Kriegsschrecken geläuterte, zwei liebende, gesunde, gutaussehende Menschen waren, sich selbst als Kapital für die zu gründende Familie, wie auch für unsere Gegend einsetzend, zu Taten bereit. Noch befand alles sich in den Anfängen in dieser Zeit. Von der niemand ahnte, dass sie sowieso überhaupt nicht dazu angelegt war, alles zu ordnen, und es auf den, einem wachen Verstand, einem lebendigen Herzen erträglichen Nenner zu bringen. Der brüllende Löwe streift, erst recht, wenn alles sich in Sicherheit wähnt, umtriebig umher und hält Ausschau nach denen, die er verschlingen kann. Der, welcher den Krieg angezettelt, listig, verlogen und mörderisch, war noch lange nicht müde noch satt. Es war, als wäre der böse Engel, täuschend verhüllt mit dem strahlenden Licht des Fortschritts, auf die vom Weltkrieg zermürbte, nach Leben dürstende Menschheit losgelassen worden, Geist und Seele, Beziehungen, Ordnungen, zu zerrütten. Sehnsüchte nach Frieden, auch und vor allem nach Wohlstand für sich ausnutzend. Erneut den Anfängen nicht wehrend, nicht erkennend, dass der Menschenfeind bloß Anlauf für seinen nächsten Sturm nahm, ließ die Gesellschaft sich aufsplitten. Hier die empörten Jungen, dort die Alten, die versagt hatten. Warum hatten sie den Krieg nicht verhindert? Frieden ließen sich die Jungen auf ihre Fahnen schreiben. Sie rebellierten gegen die Erwachsenen, die den Krieg zwar überlebt, jedoch nach Meinung ihrer Kinder und Enkelkinder, alles falsch gemacht hatten. Die Eltern, das Kind mit dem Bade selbst entbehrter Freiräume ausschüttend, ließen die Zügel locker. Es galt, für Wohlstand zu sorgen. Der vom Wirtschaftswunder befeuerte Weg führte zwar steil nach oben, hatte aber nicht Gott zum Ziel. Die Erfolgs-

Aufstiegsleiter wurde, anstatt IHM, angehimmelt. Die Jugend geriet, obwohl sie ihren Eltern und Großeltern ankreidete, sich zu Opfern einer durchschaubaren, also vermeidbaren Ideologie gemacht zu haben, in den Sog eines anderen, nicht minder gefährlichen Kultes, der sich mit vorgeblich guten Motiven tarnte; die sie, ebenso unhinterfragt, also um nichts besser seiend als ihre angeklagten Vorfahren, übernahmen. Auch ihnen war das Denken abhandengekommen, denn niemand stieß sich daran: Wie passten Alkoholkonsum, Drogen und heiße, hektische Musik in eine Blumen- und Friedensreligion? LOVE war das Motto, die Liebe war es, die man ersehnte. Sie sollte „frei" machen. Freiheit durch Zügellosigkeit? Mochte man rocken und rollen, soviel man wollte, sie erfüllte sich aber nicht. Was man nicht wusste war, dass alle möglichen Schwächen, die der wahren Freiheit im Grunde entgegenstanden, diesem neuen Hut gar als Aufputz dienten; einem – ihren eigenen Schwächen ausgelieferten – Menschentyp wurde so die Bahn geschlagen. Gleichzeitig rollte eine beispiellose Schwemme von Heilsangeboten an, die aber den Teufel mit dem Beelzebub austreiben wollten. Ich fühlte mich bei den Alten, wie bei den Jungen nicht zugehörig, nicht ahnend, dass diese gewisse „Heimatlosigkeit", da heraus „Getriebenheit" Programm war, mich also nicht alleine befiel, sondern Massen. Es war das vorgefertigte Kleid der neuen, wünschenswerten Identität, wohlüberlegt auf den Markt des „Tue-was-du-willst-weltweiten-Konzerns" geworfen; in das fast alle bereitwillig hineinschlüpften. Satans ausgeklügelte Marketingstrategie bewirkte, dass auch ich Minirock trug und in Endlosschleife Musik hörte, glaubend, ich machte mein „eigenes" Ding. Nur „nachdenken", vorstoßen in Undenkbares wie Ungedachtes, als Lieblingsbeschäftigung war mir nicht abhandengekommen. Zu Hause übte ich mich darin. Füllte Zettel und Notizblöcke mit Aufsätzen und Liedtexten und mit den verworfenen Texten Papierkörbe. Neue Ansätze kamen und gingen. Im Durchstreifen meiner gedanklichen Zuflucht war ich nie einsam. Nicht GOTT, sondern mein Zimmer war meine Burg, vollgepflastert die Wände mit Bildern von Musikern, dorthin flüchtete ich. Die „andere, die neue Realität" wurde höchstens mit meiner Freundin, später waren es zwei Freundinnen, geteilt. Der Plattenspieler, auch so ein Gott. Dieser Götze war Zentrum jeder jugendlichen „Bude" in jener Zeit. Die Kultfiguren betraten in Form gerillter Plastikscheiben den bereitwillig geöffneten, vermeintlich privaten, vermeintlich intimen, vermeintlich heiligen Raum. Hier, in meinem Refugium, hatte ich „sie" (die Musiker verschiedenster Bands) für mich, brauchte auch ich „sie" nicht zu teilen. Dachte auch ich. Dass sie mir ganz alleine gehörten. Oder „uns". Mit meinen Freundinnen, wie jede Jugendliche mit ihren Freundinnen gleichsam in EINEM Ichgefühl schwimmend, teilte ich „sie" gern, die uns über das schwierige Leben als Heranwachsende hinwegtrösten sollten. Welch ein Widerspruch!

Waren sie denn auf den Bühnen erschienen, um unsere Herzen zu trösten? Wer wollte, dass man in ihren Liedern und Texten zu Hause war? Eine Gedankenbeeinflussung ungeahnten Ausmaßes, als trojanisches Pferd die Musiker und ihre Texte und Rhythmen benutzend, hatte begonnen. Ein Mindsetting, das in alle Bereiche des Lebens eindrang. Jugendliche auf besinnungslos machende Partys hinführend. Rauchen genügte mir, reichte aber nicht aus, dazuzugehören. Gleichzeitig die Sehnsucht danach. Ich war „eigentlich" nur Ausschau haltend, dass echte Ansprache, Nähe, Herzlichkeit dem wie Treibsand soghaften Lebensgefühl Grund und Boden verlieh. Dass derlei existierte, wusste ich, seit ich bei Oma Feriengast gewesen war. Wo war ER nun aber geblieben, zu dem ich wahrhaft gehörte? Hatten meine Erfahrungen mit meiner so herzlich gläubigen Oma den Riss zwischen mir und anderen bewirkt? Oder ihn nur aufgedeckt? Nicht dazugehörend war sie wie auch ich -, das war mir schon sehr früh durch einerseits das beglückende Erleben der durch ihren Lebenswandel bekräftigten Zugehörigkeit zu JESUS, andrerseits geprüft und verfestigt durch leidvolle Erfahrung klar geworden -, und doch dieses *Hingezogensein* zu den anderen verspürend, das jedem – in Wahrheit in dieser Welt Heimatlosen - bekannt ist. Ich wollte aber nicht zu ihnen hinuntergezogen werden, vielmehr sie beeinflussen, geistlich zu wandeln. Ich hatte mich wohl, nach den

Wehen der Rock´n Roll - Phase endgültig als ein „Schöngeist" ent-
puppt. Was nicht einfacher war. Im Gegenteil. Dass ein Kampf um
meine Seele im Gang war, von dem meine Freundinnen ganz und
gar verschont blieben, von dem sie bis heute nichts wissen, ja nichts
wissen wollen, und dass dies der gravierende, der Hauptunter-
schied zwischen ihnen und mir war, hatte ich zu der Zeit nicht ge-
ahnt. Die es mir hätte sagen können, war von mir gegangen. Durch
Oma war mir -, als ihr Vermächtnis -, aber tief ins Herz ein Same
eingepflanzt worden, mit einer Entsprechung in ihrer Reisekiste in
Form eines Buches. Ach, hätte ich ihn schon früher bergen wollen!
Wäre ich mir dieses Schatzes, oder besser, DES SCHATZES, bewusst
gewesen, hätte ich doch bloß nicht alles, was Oma für mich war, mit
ihrem Tode verloren gegeben. Das kleine Kästchen aus Zedernholz,
in dem sie ihre Briefmarken aufbewahrte, nahm ich, des spezifischen
Duftes wegen, zum Trost an mich. Eine Erinnerung an sie sollte auch
das Kaffeeservice sein, das sie mir am Vorabend ihres Todes noch
schenkte. Doch für dieses wurde ich von meiner Mutter auf später,
sehr spät sogar, vertröstet. Man ließ es mir nicht. Heute benutze ich
es, hier in Afrika, täglich. Ach, wäre es nur darum gewesen! Das
Buch, den tatsächlichen Schatz aber, habe ich erst sehr viel später für
mich wiederentdeckt und der Vergessenheit mit großem Verlangen
entrissen, es an, ja in mein Herz nehmend, geborgen. Dazu musste
ich weit, bis nach Afrika sogar gehen, um zu erleben, dass DAS

BUCH auf seinen Seiten getreulich, was sie mir gegeben, bewahrt hatte, lebendig, unzerstörbar; SEIN WORT bewässerte endlich in den Zeiten höchster Not den durstigen Samen. Eingepflanzt schon sehr früh von ihr, hatte er all die Jahre überlebt. Obwohl über lange Zeit hinweg kümmernd und darbend, hat er letztlich aber doch, dafür sorgte JESUS selbst, aufgehen dürfen.

„Das Wasser des Lebens", dieser Text, den ich einem meiner Videos voransetzte, den ich vor langer Zeit einmal schrieb, hat zu tun mit dem, was mir später in Afrika begegnete.

BERLIN-AFRIKA

1989 war ich aus Österreich nach Berlin gezogen. „Gestalten" war das Feld, auf dem ich dort Betätigung fand. Ich war von Kind an schöpferisch gewesen, „das Gute, das Schöne, das Wahre" hochhaltend; mitfühlend mit Benachteiligten. Schreibend, Lieder machend und singend bewältigte ich eigene innere Nöte. Aus dieser Überwindung wuchs seit je mein Anliegen, Menschen geistlich zu „heben", ihnen aus Sackgassen, in die Drogen, sexueller Missbrauch, sie hineingetrieben hatte, herauszuhelfen. Sie sollten – geistig - eine neue, eine bessere Ebene bewohnen. Dass man Verhalten nicht so einfach, auf Befehl sozusagen, ändern kann, war mir klar. Erst musste Einsicht erfolgen. Viele waren, im naiven

Glauben, dort Hilfe zu finden, in esoterische Fallen verstrickt. Ich muss aber dazusagen, dass ich zwischen „schädlichen" Praktiken und heilsamen damals unterschied, zwar Reiki, Yoga und andere Wege, die beispielsweise indische Gurus anboten, als gefährlich ansah, nicht aber das, was gemeinhin als Meditation bekannt und doch ebenfalls ein östlicher Weg war. Sie nutzte ich, als mir wirksam erscheinendes Mittel gegen Rastlosigkeit, ebenfalls. War es nicht „gut", dass zerrissene, gar aufgelöste Menschen sich „zentrierten"? Aber auch hier hielt „irgendetwas" mich ab, strikte Anweisungen und systematische Regeln zu befolgen und lehrmäßig vorgeschriebene Praktiken auszuüben. Diesen bestimmten Haltungen und Bewegungen, auch Handzeichen, sträubte sich alles in mir. Auch habe ich die Verehrung von Menschen und menschgemachten Göttern als absolut falsch angesehen. Jesus war mir so nah. Dass ER bei mir nur eine Statistenrolle einnahm, als jemand, der das, was mir genehm war, bloß abnicken durfte, den ich gar nicht zu Wort kommen ließ – SEINEM WORT, das ich hätte lesen und dem Geschriebenen folgen sollen - bemerkte ich damals nicht. Von dem JESUS, dem Oma folgte, war nur ein Relikt geblieben. Dieses hielt ich hoch. So habe ich, seltsamerweise aus dem, was ich unter Treue Jesus gegenüber verstand, auch nie Yoga ausgeübt, noch es empfohlen. Im Gegenteil. Viele Menschen brachte ich – auch damals, also vor meiner Umkehr schon – davon und von

verschiedenen anderen esoterischen Praktiken ab. Ich war stets –
und das wirklich zu meinem und dem Schutz derer, die mich
begleiteten, gegen alles, was einem abverlangte, die Kontrolle über
sein Leben abzugeben. Den alles ändernden Unterschied zwischen
dem unheilvollen „sein Leben missbrauchen lassen" und „es dem
EINEN zu übergeben, der es zum Heil führt", kannte ich damals
nicht. Ich mochte die Menschen in eigenständiges Denken führen,
damit sie eben genau davor – Kontrollverlust – bewahrt blieben, von
Ängsten befreit. Ich wähnte mich auf mich selbst gestellt, denn
JESUS hatte mich schließlich nicht vor gravierenden,
einschneidenden Erfahrungen bewahrt. - Eine typische „dumme"
Einstellung, die mich, wenn ich sie heute von jemandem höre, die
Haare raufen lässt. Vom wahren Christentum wusste ich, trotz Oma,
trotz christlicher Erziehung, nichts Greifbares. Worum es dabei
wirklich ging, nämlich IHM sein Leben getrost anzuvertrauen, war
stets ein Geheimnis geblieben. Wenn ich es zwar bei Oma erlebt
hatte, so war es von ihr nie ausformuliert worden. Genau das ist mir
später wichtig geworden. Das „in deutliche Worte fassen", weil es
mir damals so sehr fehlte, dass jemand die Wahrheit aussprach. Ach,
wie hatte ich mich nach dieser heilsamen Deutlichkeit gesehnt, die
mir begreiflich hätte machen können, dass es nur zwei Wege gab!
Allein, der Christ, auch meine Mutter, mein Vater, zeigte sich in der
Gesellschaft, über den Kirchgang hinaus, im alltäglichen Leben nicht

durch das, was ihn offenkundig und eigentlich ausmachen sollte: Bibellesen und Beten und – so, wie ich es bei meiner Oma erfahren hatte, JESUS CHRISTUS einbeziehend in das Leben. ER wurde wie ein „Geheimnis" behandelt, über das man nicht laut sprach. Und so, aus Unverständnis, vermisste ich dies Wichtigste nicht. Das Gefühl des Vermissens beherrschte mich also, ohne das Fehlende benennen zu können. Ach, hätte ich mich, mein Denken, meinen Weg damals schon Christus überlassen, inspiriert vom HEILIGEN GEIST; ich bin überzeugt, ich hätte, wäre ich „eingeweiht" worden, IHM damals schon nur zustimmen können. Denn mir war früh klar, dass falsches Denken, die unstrukturierte Denkart der Menschen, die aus der Sucht nach Banalität und schnellen Befriedigungen entstammte, der Sucht nach „niedrigen Einflüssen", das Hauptübel war. Nur: Der Übeltäter, Satan, der Plan Gottes, blieb verborgen. Wie konnte aber ein Übel bekämpft werden, dessen Wurzel – die Sünde! unbekannt war? Wie wunderbar wäre die Kenntnis der geistlichen Waffenrüstung GOTTES gewesen! Denn es war mir bereits ein (zu Hause abgewertetes, verschmähtes) Anliegen, dafür zu sorgen, dass Menschen in größeren Bezügen dachten.

In Berlin eröffnete sich mir mein Betätigungsfeld. Mir schien vor allem die Idee, der Unfähigkeit, aus ihren Fehlern zu lernen abzuhelfen, vielversprechend zu sein. Durch Schreiben sollten leidende Menschen den roten Faden ihres Lebens erkennen, der aus der stets ein und derselben ungünstigen Verhaltensweise, entsprungen falscher Denkweise, entstand. Diese Erkenntnis sollte sie zukünftig vor Wiederholung derselben Fehler bewahren. Auch meine Fähigkeit, analytisch zu denken, Zusammenhänge zu erfassen, vermittelte ich, damit sie Fäden ihres Lebens eigenständig entwirrten.

Dies alles sollte der Selbsterkenntnis dienen. Selbsterziehung, ein richtiger Ansatz – später durch das unersetzliche Werkzeug, GOTTES WORT, bestätigt. Ach, doch um wie viel mehr wäre schon damals die Bibel mir und anderen allerbester Lehrmeister gewesen! Sie allein vermag es, ALLES in der richtigen Verhältnismäßigkeit, Mensch-Gott, zu betrachten. Sie schenkt Selbsterkenntnis und Gotteserkenntnis, als untrennbar miteinander verbunden, gleichermaßen.

All dies, was ich damals aus bestem Wissen und Gewissen vermittelte und ausübte, JESUS CHRISTUS hat mich alle Fragen später - auf einen Schlag – auf IHN allein werfen lassen. ER allein rettet! ER heilt! Wo GOTT fehlt, JESUS CHRISTUS, da reicht der beste Ansatz bei weitem nicht aus. Wie gerne habe ich mich vom Wort belehren lassen! Ich sog es förmlich, als ein Lebenselixier, ein. In entsprechend großer Geschwindigkeit zerbrach meine alte Identität nach meiner Umkehr, als ich mich GERNE zurechtweisen ließ. Zu meiner ganz großen Freude durfte „ich" dann auch fast all diejenigen, die je meinen Weg hilfesuchend gekreuzt hatten, zu IHM bekehren. Diejenigen, die ich nach meiner Umkehr noch erreichen konnte, die ebenfalls JESUS CHRISTUS annahmen, sind durch den ihnen zuteil gewordenen Heiligen Geist von vielem genesen, ja selbst da, wo Menschen unter schwerwiegenden bi-polaren Störungen gelitten hatten, hat unser HEILAND Heilung bewirkt, indem ER ihnen, als SEINEN neuen Nachfolgern, ewiges Heil schenkte.

Heute gebe ich mit flammendem Eifer IHM meine Stimme und Hände, ja mich als Ganzes IHM hin. Nichts, das diese Welt zu bieten hätte, ist vergleichbar oder gar ersetzend, des lebendigen GOTTES KRAFT. OH, wie oft habe ich diese, auch in erhörten Gebeten, in der Rettung aus höchster Not, erfahren!

Doch wieder zurück nach Berlin.

Ich spürte, wie gesagt, früh diesen Drang, den Wunsch in Menschen zu erwecken, den Sinn ihres Lebens doch erheblich weiter oben anzusiedeln, als sie es gewöhnlich taten, ja „ganz weit oben" sollten sie suchen und finden. Die Menschen zu lieben, denen man einen höheren, edleren, weil dienenden Lebensbezug nahebringen wollte, war für Oma, aber für mich ebenfalls, ganz natürlich. Ich war stets bereit, alles und alle zu lieben und wollte denen, die in meiner Nähe waren, nur dienen. Zum Beispiel mit meinem ganzen Wesen in meiner Familie meinen Platz finden, die ich jedoch ein nur geduldeter Fremdkörper war, dessen Annäherungsversuche beharrlich vereitelt wurden.

Nun hatte Berlin mich dafür mit offenen Armen aufgenommen, mich, die ich aus diesen doch spürbar anderen, den österreichischen, Lebensverhältnissen kam, großzügig mit Möglichkeiten versorgt, meine Gaben zu leben, vor allem derjenigen zu helfen, zu geben, wo ich daheim stets abgewiesen, nie „gebraucht" wurde. Das neue Leben in der Weltstadt bot mir Chancen, vor allem zur geistlichen, auch künstlerischen Weiterbildung und Entfaltung, die ich begierig annahm.

DER AFRIKANISCHE TRAUM

Dennoch zog ich 2001 aus Berlin fort - nach Ostafrika an den Indischen Ozean. Was bewog mich dazu?

Wäre es aus Eigenwillen heraus geschehen, da hätte ich mir ein anderes Gebiet ausgesucht, denn -, ja, vor Afrika hatte ich eigentlich immer einen Riesen-Respekt...., sagen wir mal, es war mir suspekt.

Und so hatte ich es in meinen vielen Reisen immer ausgelassen. Doch dann kam, wie der Blitz aus heiterem Himmel, der Traum.

Afrika war also nicht mein Lebenstraum, ganz und gar nicht, sondern, dass ich dort hinging, dass ich mein altes Leben hinter mir ließ, war folgend einem Traum, einem der Träume, die man wegen ihrer Intensität nie wieder vergisst. – Und dieser war vor allen anderen herausragend, geprägt von einer überirdischen Liebe, sodass er in mir alles aufweichte. Urplötzlich war ich konfrontiert mit dem, was sich daraus ergab -, ein Kampf wurde daraus -, zwischen dem, was davor meine bekannte Realität gewesen und dem, was in dem Traum ganz neu von mir erfahren worden war: Es war, als wäre mein Herz ins Unermessliche ausgedehnt worden.

Ich erinnere mich noch, wie ich „es", das Fremdartige, abzuschwächen versuchte, indem ich sagte: Es war ja nur ein Traum! Doch dieses „nur" passte ja gerade für diesen Traum nicht. Dazu war die Erfahrung darin viel zu groß. Außerdem, und das war das eigentlich Wunderbare, begann der Traum deutlich in mein Leben überzugreifen. Meine Grenzen, Liebe betreffend, wurden weiter gefasst. Nicht, dass ich „toleranter" dem Falschen gegenüber geworden wäre. Nein. Jedoch vermochte ich andere Menschen milder zu betrachten, weil „etwas" im Traum auf mich unfassbar gütig und mild geschaut hatte. Dieser Traum, so dachte ich, ist mir von jemandem geschickt worden, der nach gänzlich unirdischem Maßstab bemisst. - Gott?

Ich bin, so hielt ich mir aber vor, keineswegs von der romantischen „Seite", wie man es in Österreich so sagt, eine von denen, die in alles „irgendetwas" hineindeutet, sondern doch, im Vergleich mit anderen, nüchtern. War ich es nicht gewesen, hatte ich stets ungeliebte Konsequenzen tragen müssen. Aus sehr einschneidenden Erfahrungen heraus, die ich noch in Österreich gemacht hatte, war ich umso mehr dabei, nicht nur selbst aus solchen klug zu werden, in denen meine Gefühle meine Entscheidungen bestimmt hatten, sondern vermittelte ein gesundes Maß an Überlegtheit und Vorausschau außerdem anderen, ähnlich in Not geratenen Menschen. Und nun diese Aufforderung zum Neubeginn, die der Traum enthielt, die sich, aus der umfassenden Geborgenheit und Liebe heraus, die mit ihm einherging, nicht so einfach verwerfen ließ. Ich kämpfte mit mir, blieb unschlüssig. Ein Zustand, den ich nie gemocht hatte, ihn mir seit je, so er auftrat, als Fehler ankreidete. Ich rang um Klarheit.

Zwei Tage nachdem ich geträumt hatte, von der Begegnung mit einem Mann und einer damit verbundenen helfenden Tätigkeit -, und auch die Landschaft war sehr plastisch und real gewesen -, besuchte ich einen Freund, und der surfte gerade im Internet herum, und so, während er mir eine Tasse Tee anbot, und ich so zufällig aus dem Augenwinkel mitbekam, die Abfolge von Bildern und Szenen, die über seinen Bildschirm liefen, da elektrisierte mich ein Bild, das geschwind vorbeihuschte, und ich rief auch schon aus, „halt, halt, kannst Du das noch einmal zeigen?"

Und es war genau zeigend diese Landschaft, von der ich geträumt hatte, von der ich aber nicht wusste, wo das eigentlich war. Außerdem, es zog mich gar nicht dorthin, weil....; es zeigte einen Sandstrand, es zeigte eine bestimmte Konstellation oder Anordnung von angeschwemmten Bäumen, verwittert schon von Sonne und Flut...; und..., ja, es war nur diese Übereinstimmung mit dem Traum, die mich anzog, und es folgte auch noch die Eingebung, „du bist nicht dafür gemacht, du bist ein Gebirgskind", und dass es dort viel zu heiß für mich sein würde; ich bekam immer starke Kopfschmerzen, wenn das Thermometer über einen gewissen Grad hinausging. - Meine Abwehrstrategien waren auf das Höchste aktiviert. Zumal:

Es war die Aufforderung in dem Traum gewesen, „geh dort hin!"

Dass ich mich nun mit diesem Traum beschäftigte, dass er mir keine Ruhe ließ, war dieser unglaublichen Liebe geschuldet, in die dieser Traum mich gehüllt hatte. Er war – paradoxerweise gleichzeitig nüchtern und klar, sowie gewürzt mit etwas, das mir später aus dem Buch der Bücher, der Heiligen Schrift förmlich entgegen strömte: Der ganz bestimmten, einer gewissen „Lieblichkeit". Ich denke gerade an Hieronymus Burckhardts, jene Bibel aus 1736, einleitende

Worte. Ja, die Bibel ist ein Lustgarten, in dem man wandeln konnte, von einer Lieblichkeit, die einem das Herz weitete. Genau so war dieser Traum gewesen, ein heller Raum, den ich betrat, Apotheke mit heilsamen Arzneien und Lustgarten zugleich, die mein Herz weiteten, was letztlich stärker als alle meine Vorbehalte war.

Noch während ich ins Reisebüro ging – ich hatte ja herausgefunden anhand von diesem Computerbild, wo der Ort lag, der mir im Traum gezeigt worden war -, hatte ich immer noch die Idee, „ja, ich erkundige mich eben einfach mal, da muss ja nichts daraus werden!"

Im Reisebüro, als ich von meinem Plan berichtete, dorthin zu gehen, allein, da traf ich keineswegs auf Ermutigung, sondern die Reisebüroangestellten setzten sich mit mir zusammen und redeten auf mich ein, dass es viel zu gefährlich sein würde, und dass ich da nicht alleine hingehen sollte.

Aber in einer Anwandlung von...., „ihr wisst ja gar nichts! Ihr habt ja nicht diesen Traum gehabt! Ihr habt ja nicht erlebt, was ich darin erlebt habe...!" buchte ich; allerdings, muss ich gestehen, nur für drei Wochen.

In diesen drei Wochen, da sah ich mir ein bisschen das Land an, verbrachte eine Zeit in gesichertem Rahmen, am Meer, kam braungebrannt zurück, aber....

Ich kam also nach diesen drei Wochen zurück und dachte, „okay, jetzt hast du' s gesehen und gut ist' s."

Und, in einer Anwandlung von Trotz, GOTT gegenüber, sagte ich: „Nun, ich bin dort gewesen und... ja, nichts hat sich getan."

Und ich bekam eine Antwort, kurz und bündig, und die lautete: „Hab´ ich gesagt, dass du zurückkommen sollst?"

Diese Antwort erschütterte mich bis ins Mark.

Ich hatte mich von den Ängsten der Reisebüroangestellten beeinflussen lassen. Heute weiß ich, dass man, um GOTT zu folgen, nicht einfach einen zaghaften Schritt ins Wasser machen darf, bei dem man sich gerade nur so die Zehen nass macht, sondern dass man wirklich alles hinter sich lassen muss, das alte Leben, und sich bedingungslos dem Weg überlassen, den GOTT selbst für einen vorgesehen hat.

IN KENIA

Die ersten beiden Jahre tat sich nichts, das darauf hindeutete, dass der Traum, den ich gehabt hatte, Wirklichkeit werden würde. Im Gegenteil. Ich wurde hart geprüft. Jedoch heute in der Rückschau, sehe ich diese Notwendigkeit, diese Vorbereitung auf das Leben in Afrika, besonders, wenn man dort helfen wollte, ein. Ich wollte helfen, das war auch Teil des Traumes gewesen. Ich, wie gesagt, nüchtern, war aber auch keine Sozialromantikerin, die jetzt bedenkenlos sich in gewagte Abenteuer stürzt, und dabei Kopf und Kragen und alles riskiert.

Gut, viel gab es nicht zu verlieren; ich war so gut wie mit nichts gekommen, um zu erleben, dass GOTT wirklich für mich sorgt. Zum Beispiel durfte ich in einem Haus wohnen, das mir eine deutsche Familie anbot, deren Haus es war, die froh waren, wenn jemand wie ich vor Ort war, um sich darum zu kümmern. Meinen Lebensunterhalt, gerade ausreichend, verdiente ich mit Schreiben.

So begann ich zu lernen, dass alles, was ich mir sorgenvoll ausgemalt hatte, nicht eintrat und auch gar nicht nötig war.

HELFEN

Nun zu diesem, sehr sensiblen, Thema: Helfen. Helfen in Afrika, so viel wusste ich schon, bevor ich dorthin ging, ist eine zweischneidige Sache. Ist nicht einfach so, dass man jemandem etwas schenkt, das man besitzt, das der gerne hätte, oder überhaupt sein Leben zur Verfügung stellt, damit es betrügerisch ausgebeutet wird. Und ich begann sehr schnell zu begreifen, dass es darauf hinauslaufen würde, wenn ich allem und jedem, was mir entgegenkam, gutgläubig vertraute. Es kostete alles an Energie, sich in die Nöte einer einzelnen Familie hineinzudenken, sich darum zu kümmern, dass zwei, drei Kinder die Schule besuchen konnten, und da blieb kaum Raum an etwas anderes zu denken..., die Großmutter war krank, der Onkel war verunglückt, es musste ein Begräbnis bezahlt werden und so weiter.

Das konnte es doch nicht sein! Das war eine einfache Kosten – Nutzen – Rechnung. Wenn ich so weitermachte, würde ich nicht alt werden dort.

Ich sprach zu mir selbst: Wenn du so weitermachst..., nein, da musst du einen Schlussstrich setzen.

Auch zermürbte mich dieses Elend, das Sehen und Miterleben, wie Kinder einfach sterben, weil 2000 Schilling, also 20 Euro, fehlen, um die nötige Medizin zu geben. Ohnmacht zermürbte mich, denn es geschah so oft, dass man mit seiner Hilfe „zu spät kam". Ich dachte dann ganz nüchtern: Es kostet so viel Kraft, einer einzelnen Familie zu „helfen", was sich dann oft auch noch als Enttäuschung herausstellt. Denn, wonach sich eine arme afrikanische Familie sehnt, kann sich durchaus unterscheiden von dem, was man sich selbst für sie wünscht. Warum dann nicht diese Kraft für ein sehr sorgfältig umrissenes Projekt, in einem Gebiet für ganz viele Menschen, also VIELEN auf einmal helfend, zu initiieren und zu betreuen. Dieselbe Kraft, so sie Lebensumstände von Grund auf verbessert, könnte ganz vielen Menschen zugutekommen. Das Gute könnte sehr viel Leid vorab verhindern.

BITTET, SO WIRD EUCH GEGEBEN

Und an diesem Scheideweg, gehe ich zurück nach Europa oder verwirklicht sich der Traum, den ich hatte, der mich doch veranlasst hatte, dorthin zu gehen, an diesem Scheideweg, da schrie ich einmal zu GOTT. Das hatte ich vorher noch nie gemacht.

Ich ging an den Strand, ich weiß noch, es war recht stürmisch, sodass ich dachte „jetzt, wenn ich schreie, dann hört mich niemand anderer als nur GOTT." Und ich schrie so, getrieben von der inneren Not, die mein Herz dort erfasst hatte, die auch aus Einsamkeit,

Unsicherheit kam: „Bitte, lasse es nun so sein, wie DU mir in dem Traum versprochen hast! Lasse mich ihm begegnen! Sonst gehe ich! Ich sehe nicht ein, dass ich hier mich zugrunde richten lassen soll. Halte DU dein Versprechen!"

Ja, es war schon sehr wagemutig, solch einen Schrei GOTT gegenüber zu tun, aber ER zeigte mir, dass ER mir nicht böse war darüber. Denn tatsächlich begegnete ich „ihm" -, schon in der nächsten Woche. (Ich hatte ja kurz erwähnt, dass auch „er" in dem Traum vorkam. Doch der Traum, war weit darüber hinausgegangen, meinem zukünftigen Ehemann zu begegnen.) Eine Dame aus der Schweiz hatte mich gebeten, Übersetzungsarbeit zu leisten, weil sich für sie die Verständigung mit einem Pastor sonst als schwierig erwies. Und ich sagte zu.

Und dann geschah das, was man sich..., ja, im Grunde immer nur wünscht, dass man auf den ersten Blick erkennt, dass man hier richtig ist. Ich erkannte ihn - sofort. Er war der Mann in meinem Traum; nicht mein Traummann, so wie man sich das gemeinhin vorstellt also, sondern der Mann, der mir im Traum begegnet war.

Dann ging alles sehr schnell. Das heißt, schnell -, aber so schnell auch wieder nicht.

Das war 2003 gewesen. 2006 heirateten wir. Wie gesagt, er war Pastor, er hatte GOTT in seinem Leben den höchsten Stellenwert gegeben, und er war sehr fleißig, er arbeitete unermüdlich, um dann am Sonntag Predigten zu halten. Da gab es keine Ausnahme, jeden Sonntag tat er das.

Was machte er, wenn er von der Arbeit nach Hause kam? Ich, - damals ja noch nicht wiedergeborene Christin so wie er, was ich ja gar nicht wusste, was da für ein Unterschied sein soll... -, er...., nein, auch ich sagte oft „warum liest du denn nicht auch einmal ein anderes Buch?" Wie gesagt, wenn er nach Hause kam, er las die Bibel. Auch im Bett noch, bevor das Licht ausging, las er immer noch ein paar Verse aus der Bibel. Mir gefiel das; ich war ja erinnert an meine Großmutter, von der ich schon erzählt habe, und an Frank, den deutschen Missionar, seine Frau und seine Kinder, von denen ich noch erzählen werde, die ja nach Amerika ausgewandert waren mittlerweile; und ich fühlte mich zum ersten Mal, ehrlich gesagt, dort in Afrika wirklich sicher. Ich erfuhr Verlässlichkeit. Ich erfuhr, dass GOTT ein Leben formen kann und es auch tut, schon bevor man sich wissentlich vollkommen IHM überschrieben hat; denn in der Rückschau bemerke ich sehr wohl, dass es GOTTES Weg war, dem ich gefolgt bin, schon daran, dass ich alle Bequemlichkeit des Lebens aufgrund dieses Traumes aufgab.

WIE FÜHLT SICH KRIEG AN?

Dann kam das, was man bürgerkriegsähnliche Zustände nennt. Eines Tages war die sichere Welt zerbrochen. Ich war allein, mein Mann war im Hochland, um dort seine Wahlstimme abzugeben, denn er war ein treuer Kenianer, treu seinem Wunschpräsidenten. Aber niemand hatte damit gerechnet, dass sich die gewohnte Welt, ausgelöst von den Präsidentschaftswahlen, auf den Kopf stellen sollte. Weil ich diese Angst nun nachvollziehen kann, bin ich dankbar, dass ich erleben durfte, GOTT SEI DANK mit gutem Ausgang, wovon die ältere Generation nicht mehr loskommt, nämlich, wie das ist, wenn die Häuser brennen, wenn die Geschäfte brennen, wenn es nichts mehr gibt, alles ausverkauft ist, ja, noch nicht einmal Trinkwasser. Kein Wasser, keine Telefonkarten, kein Hundefutter, was auch wichtig ist, natürlich, wenn man zwei Hunde hat, und die große Unsicherheit, die man empfindet, wenn bisher sich als treu erwiesen habende Arbeiter - denn mein Mann hatte ein Geschäft, das er seit über 20 Jahren Jahren mit viel Fleiß betrieb und das vielen Menschen Arbeit gab -, wenn die sich plötzlich gegen einen wenden, weil sie einen Regimewechsel, den sie herbeisehnten, plötzlich in greifbarer Nähe vor sich haben.

Urplötzlich werden aus Freunden Feinde, und sie machen keinen Hehl daraus. Eines Morgens – ob es unseretwegen oder des

Ehepaares wegen war, das sich hilfesuchend an mich gewendet, das ich beherbergt hatte, weil sie nun plötzlich auch als Feinde angesehen wurden, weiß ich nicht. Aber alle aus dem Hochland, bestimmten Stämmen zugehörig, die an die Küste zuverlässig für bessere Lebensumstände sorgten, zudem christlich waren, befanden sich in der muslimisch geprägten Gegend plötzlich in Lebensgefahr -, da bemerkte ich, wie meine Hündin, die sich nachts in dem Zwinger befand mit ihrem Bruder, am ganzen Leib zitterte und ich dachte, „was ist das? Was hat sie?" Sie schien ja kurz vor einem Kollaps zu sein, und da bemerkte ich, dass ein offenes Elektrokabel hineinragte in den Zwinger. Offensichtlich konnte es nur absichtlich dorthin verlegt worden sein. Das war der Zeitpunkt, an dem ich wusste, „wir müssen hier weg!" Für meinen Mann war es unmöglich, zu mir zu kommen, Verbindungen waren gekappt. Dort, wo er sich aufhielt, bestand für ihn aber keine Gefahr. In einer Nacht und Nebel - Blitzaktion packte ich das Nötigste zusammen - ich hatte schon Übung, da ich davor auch bei einem drohenden Tsunami schon nur das Wichtigste zusammengepackt hatte -, und mit Hilfe einer Freundin, die ein Busunternehmen hatte, machten wir uns auf den Weg; auch Touristen, die nicht im Hotel lebten, die plötzlich nicht mehr wussten, wovon sie sich ernähren sollten, mit uns nehmend und fuhren nach Tansania, wo wir die Ereignisse abwarteten und vor allem Lebensmittel für uns und unsere Freunde besorgten. Die Hunde hatte ich natürlich mitgenommen, was aber ein Abenteuer für sich war; erstens, weil sie, seit ich sie in einer Schachtel als Hundebabys zu uns nach Hause transportiert hatte, nie wieder in einem Auto mitgefahren waren und zweitens, weil der Aufenthaltsort, an den wir gelangten, muslimisch war und Hunde dort alles andere als willkommen geheißen wurden.

Ich werde nie vergessen den Moment, an dem wir, wegen der Heerscharen fliehender indischer Familien nach mehrstündiger Wartezeit, die wegen der brüllenden Hitze im Auto vor allem eine Prüfung für die Hunde darstellte, die kenianisch – tansanische Grenze überquerten. Dieses Gefühl, in Sicherheit zu sein, ist unvergleichlich!

Das ist nur ein kleiner Ausschnitt von dem, was ich Ihnen in diesem Buch erzählen möchte, was es bedeutete, nach Afrika zu ziehen und was an Erfahrungen dem vorausging ehe wir, mein Mann und ich, beide träumend vom Helfen, beide konkret geworden seiend, dass dieses „Helfen" ein Wasserprojekt sein müsste, in das künftige Projektgebiet zogen.

GREEN PARADISE PROJECT NOW

2011 brach eine katastrophale Dürre über ganz Kenia, speziell einen Landstrich im Hochland herein, die nicht nur die Ernte vernichtete,

Vieh vernichtete, sondern auch viele Menschenleben kostete. Das Gebiet war meinem Mann wohlbekannt, mit seinen immer wieder auftretenden Dürrezeiten; er war dort aufgewachsen und wusste Bescheid. Frauen liefen täglich zweimal 14 km mit 20 l Kanistern auf dem Rücken zum Fluss, um Wasser zu schöpfen. Mehr muss man sich wohl nicht vor Augen führen, um zu begreifen, wie kostbar das, vielen Menschen selbstverständliche, Nass dort war.

Dass er dort ein sehr geachteter Mann war und ist, dass er sich auskannte mit den Gegebenheiten, war die Vorbedingung für das Wagnis, aufgrund dieser Dürre sofort unsere „Zelte" abzubrechen und ins Hochland, direkt dorthin, wo unser neuer Wirkungskreis sein sollte, zu ziehen. „Zelte abbrechen" war einfacher als man meint, denn während dieser bürgerkriegsähnlichen Unruhen war das Geschäft meines Mannes „abgefackelt" worden, und wir standen vor dem Nichts.

Und mit genau diesem Nichts kamen wir im Hochland an und wollten ein Wasserprojekt machen.

Man stellt sich das so einfach vor; da ist ein Fluss, den zapft man an, man verlegt Leitungen und fertig ist das Wasserprojekt. Nun, so einfach war es nicht, aber....: GOTT ebnete die Wege in das schier unmöglich Erscheinende. Wieder und wieder, wenn eine Schwierigkeit auftauchte, bemerkten wir, dass GOTT uns ganz woanders hinlenkte, dorthin, wo wir gar nicht hingedacht hatten, und so kam es, nach vielen Überlegungen und vergeblichen Anläufen, dass der zu erbauende Damm, als mein Mann einmal dort in diese Gegend des Flusses ging, sich direkt vor den Augen entfaltete, denn die natürliche Gegebenheit dieses Flusslaufes, die großen Felsformationen, unterstützten geradezu das Vorhaben und minimierte die wichtigen, notwendigen Bauarbeiten.

So entstand der sogenannte Intake. Aus diesem sollte das Wasser in vier Richtungen in das Gebiet strömen. Aber ..., mit welchen Mitteln? Bis dahin hatten uns private Helfer gebracht, die eine oder andere Spende. Die letzte Spende, als es gar nicht mehr weiter ging und wir knapp vor der Vollendung standen von diesem ersehnten Damm, in den wir all unsere Kraft investiert hatten, gab uns, ehe wir den Mut verloren, ein österreichischer Fabrikant; es war genau die Summe, die wir brauchten, nämlich 10.000 Euro. Ich werde nie vergessen, wie es war, als er mir..., ja, ohne großen Anlass, ich hatte nur erzählt, ganz kurz, und ihm das Buch, einen Fotoband überreicht, den ich über die Menschen erstellt hatte, die Nutznießer des Projektes sein sollten, als er mir seinerseits den Scheck überreichte. Der nächste Tag war der Abflugtag. Und ich kam, wider Erwarten, nach einem Kurzurlaub in der einstigen Heimat, nicht mit leeren Taschen nach Afrika zurück.

Andererseits, wenn man die gewaltigen Kosten solcher Projekte, die sie normalerweise verschlingen, betrachtet, kann man meinen, das sind doch keine Beträge, mit denen man ein riesiges Gebiet mit Wasser versorgen kann. Ja, die Vorstellungen, sind oft ganz anders, weil von Berichten überlagert, etwa von gescheiterten Projekten, als die Realität, die GOTT ermöglicht. ER kann auch aus NICHTS etwas machen, und das haben wir im Weiteren dann auch wieder erleben dürfen. ER kennt und öffnet Wege, wo wir keine sehen.

GOTT EBNETE UNSERE WEGE

Wir hatten also, wie gesagt, endlich diesen Damm erstellt und wussten wieder einmal nicht, wie es vorwärts gehen sollte, da fiel meinem Mann eine Anzeige auf in der Zeitung. Eine Ausschreibung der Regierung, die sich an Projekte, die in den Startlöchern standen, aber schon deutlich Erkennbares vorweisen konnten, wendeten, und wir bewarben uns - und hatten Erfolg. Und so kam es, dass wir unter Erbringung des Selbstbehaltes, der für die Arbeiten gedacht war, die nicht von uns selbst und von der - mitarbeitenden übrigens - Bevölkerung erbracht werden konnten, für Ingenieursarbeiten etc., die Rohre bekommen sollten. Rohre im Wert von, ich glaube, 40 Millionen Schilling.

Und wir begannen sofort zu graben. Jeden Tag dreihundert, vierhundert Männer, denn inzwischen hatten sich tausend Farmer unserem Projekt angeschlossen und wechselten sich ab mit dem Graben. Noch nie habe ich irgendwo eine afrikanische Bevölkerung über einen so langen Zeitraum hin motiviert gesehen, und das verdankten sie meinem Mann. Stets leitete er die Arbeiten an. Vor Allem stand das Gebet.

Die Grabungsarbeiten schritten voran, und die Rohre, in einem Land, wo eigentlich nie etwas klappt, sie wurden geliefert! Zügig kam Lastwagen um Lastwagen. Das war eine Freude, die Rohre sich stapeln zu sehen.

Wir sehen darin den Segen GOTTES, dass wir bislang 60 km Wasserleitungen verlegen konnten.

So Gott will, wird er uns auch noch dabei helfen, die noch dringend benötigten Regenwasserspeicher zu bauen. Diese haben sich in einer weiteren, ohne unser Wasserprojekt ähnlich verheerenden Dürreperiode als 2011 als nötig erwiesen, in der der Wasserstand des Flusses bedrohlich sank.

LEBENDIGES WASSER

Doch, umso mehr seit meiner Bekehrung, die 2018 erfolgte, die auch etwas war, das aus „dem Nichts" erfolgte, und die mich durch eine emotionale Krise trug, die mit meiner Familie in Zusammenhang stand, ist unsere vorrangige Aufgabe, den Menschen dasjenige Wasser kostbar zu machen, nach dem ihre Seele verlangt. Nämlich nach dem lebendigen Wasser, dem Wort Gottes, nach dem es den Menschen eigentlich so sehr, wie nach nichts sonst, dürsten sollte.

Außerdem gilt es, die frisch Gläubigen strikt am Wort zu halten. Denn wir Christen sind, so wir Nachlässigkeit dulden, in Gefahr. Nichts wird im Christsein heutzutage von dem, was es eigentlich bedeutet, mehr gesehen. So sehr hat der ideologische Zahn alle Zeiten hindurch, nicht nur in der modernen Zeit, bereits am Christentum genagt. Man ging den schleichenden Mord sozusagen über einen langen Zeitraum hinweg, von allen nur erdenklichen Seiten, aus allen möglichen Richtungen kommend, an.

Was aber, folgt man der Bibel, genau so zu erwarten war.

Die erfahrene Ablehnung seitens meiner Familie, erst recht nach meiner Bekehrung und nach dem Tod meiner Mutter, sehe ich folgerichtig als Schlussstein, der für mich den Kreis des Erbes meiner bibeltreuen, nur auf JESUS CHRISTUS bauenden

Großmutter schließt. Die, ihrem SEIN nach zu urteilen, einer Gemeinschaft angehörte, wie ich und mein Mann sie uns wünschen und die organisch wachsen darf:

Aus Menschen, die in Christus in ihrem Inneren und in seiner Lehre verwurzelt sind, indem sie diese leben.

Wenn wir aber mit Christus gestorben sind, so glauben wir, dass wir auch mit ihm leben werden.

Römer 6, 8

DER ROTE FADEN

Einen Faden kennzeichnet Anfang und Ende. Er hat einen Ausgangspunkt und ein Ziel. Viele Menschen geben sich lebenslang mit Bruchstücken zufrieden, aus denen sie sich selbst „Lebenssinn" basteln. Verschiedenste Religionen und Lehren beginnen im Nirgendwo, das heißt an einem beliebigen, von Menschen bestimmten Punkt und auch das Ziel bleibt dürftig, indem es lediglich - ein zwar verständliches Verlangen, wie etwa „Frieden", umzirkelt und anstrebt. Denken wir an Meditation und Buddhismus; jedoch dieser Frieden auf Basis menschlich-irdischer Vorstellung die Errettung

durch JESUS CHRISTUS und den wahren, nämlich SEINEN FRIE-
DEN ausschließt.

**Frieden hinterlasse ich euch; meinen Frieden gebe ich euch.
Nicht wie die Welt gibt, gebe ich euch; euer Herz erschrecke nicht
und verzage nicht.** Johannes 14, 27

Was nicht leicht durchschaubar ist, wird es aber, so man alles anhand der Heiligen Schrift prüft: Es geht bei den irreführenden, spi-
rituell verbrämten, Geistliches vortäuschenden Angeboten um weltliches Denken, nur darum, dass sich der Mensch auf Erden behaupten muss – selbstbestimmt. Man sucht sich aus, woran man glaubt.
Die Palette der Angebote ist groß. Glück und Unglück, Erfolg und
Scheitern, werden den unterschiedlichsten Faktoren zugeschoben.
Parameter werden, bis man den „richtigen" findet, also meist den,
der einen in seinem bestehenden Standpunkt bestätigt, ausgewech-
selt. Man verbiegt das, was ist, zu Ungunsten dem, wie es – GOTT-
GEWOLLT - sein sollte. Zugegeben, Menschen müssen an irgendetwas glauben, wenn sie sich, so sehr den Wellen und Stürmen des
Lebens ausgesetzt, irgendwo festhalten wollen. Sehr vielen Menschen reicht es, Halt in Dingen oder anderen Menschen oder Praktiken und Lehren, Religionen und Lebensmodellen, auch dem Atheismus, zu finden. Man wendet sich „freundlichen" Konzepten zu.
Etwa „beruhigt durch die Praxis der Meditation", schlägt das Pendel

des Gewissens nur zu Gunsten körperlich-seelischer, also vorüber-gehender sinnlicher Vorteile aus. Tür und Tor stehen dem Einzug der Dämonen weit offen. Unbemerkt!, da wie in Trance.

Andere -, und dazu gehöre ich selbst -, scheinen sogar, während sie noch umherirrten, im tiefsten Inneren, im Herzen zu wissen, dass es GOTT nur sein kann, der dem Leben Sinn gibt. Und dass Sinn zu-gleich Halt bedeutet. Aus dieser Annahme heraus ist es für sie ganz natürlich, ihr Leben der Suche zu widmen. Ich bin sicher, dass es GOTT selbst ist, der sie auf die Suche schickt.

Warum GOTTES WORT, das uns JESUS CHRISTUS als unseren Retter aufzeigt, dem Fündigen schließlich ganz logisch und richtig erscheint, hat einen besonderen Grund. Es ist endlich das Rätsel ge-löst, warum wir überhaupt auf der Welt sind und was uns DA-NACH erwartet. Ein Riesenberg an Fragen findet endlich Antwort und der Mensch Frieden mit und in GOTT. Esoterische Praktiken etwa und Lehren, mögen in sich ganz schlüssig erscheinen. Nur, sie liefern so gar keinen Beweis und vor allem gar keine Sicherheit, durch sie gerettet zu sein. Sie machen nicht frei, im Gegenteil. Sie binden die Menschen an dämonische Mächte. Durchaus erscheinen sie im Engelsgewand und halten die Menschen dazu an, zu werden wie es der gaukelhaften Vorstellung entspricht, die sie als das Ideal von sich selbst hochhalten; denken wir an edel gekleidete, meditierende Lichtgestalten oder den ästhetischen Anblick, den Yoga-übende dem Auge des Betrachters darbieten. Stark sein, schön sein, edel sein! Aus sich selbst heraus. Trugbilder. - Und dann? Es droht UND FOLGT UNWEIGERLICH die ewige Verdammnis.

Wer es kennenlernte weiß, nur das WORT GOTTES, GOTTES KRAFT SELBST, IST MÄCHTIG GENUG, uns durch die Stürme des Lebens hindurch IN DAS WIRKLICHE LEBEN ZU TRAGEN. WIR BLEIBEN IM TOD STEHEN, WENN WIR DAS IRDISCHE LEBEN MIT DEM EIGENTLICHEN LEBEN VERWECHSELN, denn:

ICH bin das Leben, sagt ER, JESUS CHRISTUS. Ja, und das ist das ZIEL. LEBEN MIT IHM IN EWIGKEIT AMEN.

Der rote Faden hat in GOTTES WORT einen verlässlichen Beginn. ER ist der WEG! Wir folgen ihm von der Erschaffung all dessen, was ist, einschließlich uns selbst, um einen GOTT kennenzulernen, von dem wir davor tatsächlich nichts gewusst hatten, obwohl ER uns erschuf. Wie sehr ist in allen Menschen doch diese Sehnsucht nach einem Ursprung enthalten! Und dann, sobald wir uns endlich IHM zuwenden, dem WORT, aus dem Nichts förmlich, ist ER für uns greifbar da! Der uns ins Leben rief, der uns kennt, der uns liebt und uns wieder bei sich haben möchte. Ein innerliches Jauchzen und Frohlocken, IHM zu EHREN beginnt! GOTTES Allgegenwart und

Güte und Liebe wird plötzlich bewusst. Es ist, als wäre der Himmel aufgerissen und zeigte endlich sein ursprüngliches Blau.

Herr, du erforschest mich und kennest mich.

Ich sitze oder stehe auf, so weißt du es; du verstehest meine Gedanken von ferne.

Ich gehe oder liege, so bist du um mich und siehest alle meine Wege.

Psalm 139, 1-3

Von allen Seiten umgibst du mich und hältst deine Hand über mir.

Psalm 139, 5

Wie dieser Weg durch das WORT, kaum angetreten, uns neu gebiert, wie wir mit neuen Augen auf das alles blicken, was ER uns offenbart. Den alten Augen, dem alten Menschen, konnte es nicht kostbar werden, die Schleier vor Augen verhinderten es. Und nun?:

Lebendiges Wasser!, es nimmt uns hinfort aus dem Herrschaftsgebiet Satans, der Welt. Frei sein von Sünde und Tod. Wer möchte das nicht?

Und Gott schuf den Menschen ihm zum Bilde, zum Bilde Gottes schuf er ihn;

und schuf sie, einen Mann und ein Weib. 1. Mose 1, 27

Er schuf uns und ließ uns dann auch nicht allein. Er gab uns SEIN WORT.

Der ganze Weg durch die Bibel, verifiziert auch durch die Ereignisse in der Welt, geben Zeugnis, sie ist wahr! ER ist Wahrheit. ER hält sein Wort:

Es spricht, der solches bezeugt: Ja, ich komme bald! Amen, ja komm, Herr Jesu!

Die Gnade des Herrn Jesu Christi sei mit euch allen! Amen.

Offenbarung 22, 20.21

NACHWORT IN MEHREREN ETAPPEN

Meine Geschichte mit JESUS begann, wie ich eingangs erzählte, mit meiner Oma. Oma lebte weit weg von uns, aber ich hatte sechs ganze Wochen meiner frühen Kindheit fast allein mit ihr. Mit ihr und JESUS, denn da passte keine Rasierklinge dazwischen. Sie waren fest zusammengeschweißt. Wie sehr ihr Leben durchwoben war von SEINEM GEIST, durfte ich in jenen kostbaren Tagen selbst erfahren. Überall bezog sie IHN ein. Wir, Oma und ich waren also nicht allein, sondern zu dritt. Nach ihrem frühzeitigen Tod endete meine Beziehung mit JESUS *vorläufig*.

Den Namenschristen, denen ich später begegnete, hatte man wohl eingetrichtert: Erwähne SEINEN Namen niemals im Alltag, behandle IHN zwischen Ostern und Weihnachten wie ein Geheimnis. Selbst auf Weihnachtsfeiern gönnte man IHM nur die Zeit, die es brauchte, aus Lukas 2, Vers 1-20 vorzutragen. "Es begab sich aber zu der Zeit, dass ein Gebot vom Kaiser Augustus aus ging, dass alle Welt geschätzt wurde". Mama konnte den Text auswendig. Danach singen, was sowohl Mamas als auch meine Leidenschaft war, aber doch bereits Ausschau haltend nach den Geschenken. Die gab es reichlich. Das wichtigste Geschenk, das allergrößte, nämlich DER, DER sich selbst uns geschenkt hat, blieb unentdeckt, Jahr für Jahr, all die Jahre.

DAS WUNDER, DAS AUCH DIR GESCHEHEN KANN

Ich freue mich unbändig jeden Tag darüber, dass mein Leben mit JESUS doch seine Fortsetzung fand. Eines leuchtenden, weil die Umkehr einleitenden Tages, überfiel mich geradezu das Verlangen, Buße zu tun. Ich kann sagen, JESUS` LIEBE kam aus heiterem Himmel über mich und ließ „etwas" wie Schuppen von meinen Augen fallen. Zutiefst erschrocken war mir schlagartig GOTTES GEGENWART bewusst geworden, samt unzählige meiner Verstöße gegen

IHN. Mein Bild einer rechtschaffenen Frau zerbrach, während Sequenzen meines Lebens wie Filmausschnitte an meinen Augen vorüberzogen, ein Film, nicht zur Unterhaltung, sondern zur Bewusstwerdung meiner und generell der Menschen Sündhaftigkeit. Fazit: Auch ich, die ich mich für „gut" gehalten hatte, würde einst NICHT ungeschoren davonkommen! Die Furcht des HERRN erfasste mich, das Grauen vor dem Richtertage, von dem ich plötzlich sicher war, dass er eintreten würde und dass wir alle darauf zu steuerten, erfasste mich. Angst vor dem Urteil, das auf „ewige Verdammnis" lauten musste, beutelte mich. Und dann, es geschah nachts, die großartige Möglichkeit der Reue, der Vergebung, durch JESUS CHRISTUS, unseren HERRN! Was daraufhin folgte, war die reine Wonne, reingewaschen zu sein; samt dem unwiderstehlichen Verlangen, was mir widerfahren war, weiterzutragen.

Wer entscheidet, dass das Leben eines Menschen zu dieser, der einzig möglichen guten Wende, durch den Einzug von JESUS CHRISTUS in sein Herz, in sein ganzes Leben, kommt? GOTT allein? Was kann und muss sogar der Mensch dazu tun?

Aus meiner Erfahrung kann ich sagen, GOTT macht sich bemerkbar. Erschütternde Erlebnisse, aus denen ich ganz sicher nur durch SEINEN Schutz heil entkam, hatte ich viele und haben bestimmt auch andere. Ob man IHN wahrnimmt, in aller Dringlichkeit, ist eine andere Sache. Nicht zuletzt entscheidet darüber, ob man solche

Erfahrungen richtig einordnen kann. Ob das, was man gelernt hat, im Religionsunterricht, bei den Gottesdiensten, das WICHTIGSTE nicht bloß umschrieb und damit verschwieg. Ich möchte niemanden verurteilen und schreibe es zu einem Gutteil meiner eigenen Unzugänglichkeit zu – nicht ungewöhnlich für Heranwachsende, dass ich mich an das ENTSCHEIDENDE an GOTT und JESUS und den HEILIGEN GEIST, nicht erinnern kann. Ich sehnte mich – vergebens - nach einer Sicherheit, die es, wie ich heute weiß, ja gab. Und – man möge es nicht falsch auffassen -, ich sehnte mich also nach den wichtigen radikalen Worten, die mir eine Entscheidung für einen der nur zwei existierenden Wege dringlich gemacht hätten. So erinnere ich mich aber nur an ein Leben, das man zwischen zwei Stühlen, in Ungewissheit, zu führen hatte.

Ich weiß aber, dass ich gerne und regelmäßig die Gottesdienste besuchte, da ich etwas suchte! Nun, da man dem Suchenden zwei sehr wichtige Eigenschaften zusprechen kann, nämlich Offenheit und Neugierde, muss ich doch, dass mir das Fündig-werden entging, den Erwachsenen zuschreiben. Konkret dem, was man so allgemein unter Kirchgang und Religionsunterricht und Glauben verstand und was demnach auch nur – besten Gewissens, im guten Glauben sozusagen, weitergegeben wurde. Es reichte bei weitem nicht. Und diesen Vorwurf lasse ich hier stehen.

Wie gut, dass ER auch Menschen dazu bestimmt, die, wie mir meine Großmutter, einem speziell *deswegen* wichtig werden, weil ER durch sie SEINEN Samen jemandem ins Herz legt. Die Gefahr, über die man auch rechtzeitig aufgeklärt werden sollte beginnt, dass ab da Menschen in eine Art Fangspiel verwickelt werden, bei dem, so dies nicht durchschaut und gestoppt wird, leider der falsche gewinnt. Wir hören seinen Namen nicht gern. Das erinnert uns nämlich daran, dass er existiert. Satan. Er tut alles, den Samen aus den Herzen zu reißen von denen, die SEIN WORT nicht verstehen.

Diese Brisanz ist es, die mich mit diesem Büchlein alles daransetzen lässt, mitzuhelfen, ihm die Seelen zu entreißen, derer er sich – oft „nur" wegen fehlender Informationen – sicher sein kann. Meine Bemühung ist dem „DAVOR" gewidmet. Dem, was Du wissen musst, dass Du das Wichtigste, das sich selbst erklärt, überhaupt zur Hand nimmst. Tust Du es, hast Du fast schon gesiegt. Mit IHM, der den Teufel, auch für Dich, bereits besiegt hat. Denn, sich dem WORT GOTTES zu entziehen, wenn es Dich einmal gepackt hat, ist – fast – unmöglich.

ICH KEHRE ZUM BEGINN MEINES BERICHTES ZURÜCK

8000 Kilometer liegen zwischen dem gemütlichen norddeutschen Wohnzimmer und meiner neuen Heimat in Ostafrika. 8000 Kilometer legte ich zurück, um endlich wieder jemanden kennenzulernen, dem JESUS ALLES war. (Nein, ich spreche nicht von meinem Mann. Der kam später in mein Leben.)

Eine Landschaft wie im Paradies. Zumindest stellt man es sich so vor. Ein weißer Sandstand, gesäumt von Palmen, verlockend für die Touristen. Dass es ein trügerisches Paradies ist, bemerken manche zu spät. Ich war auf der Hut. Ich lebte bereits zu lange dort, um es nicht zu sein.

Ganz im Bewusstsein, dass heutzutage so ein Genuss weit in die Ferne gerückt ist, lade ich Dich auf einen meiner täglichen Strandspaziergänge mit den Hunden ein. Was heißt: Kein alltäglicher Genuss ist es mehr. Entfernungen zählen wieder. Im Handumdrehen wurde die Welt umgekrempelt. Das, was uns noch vor kurzem selbstverständlich war, ist auf einmal unerfüllbarer Traum: lange Strandwanderungen, Schwimmen, Tauchen, die Einkehr in ein Restaurant, genüssliches Essen und Trinken bei angenehmer Musik. Die Zukunft, planbar, aussichtsreich, vor einem liegend.

Ja, all das fand einmal wirklich statt. Man stieg ins Flugzeug und war im Traumland. Fern von Daheim, in der Sonne, ohne – Masken.

Das, wovon die Menschen in der DDR einst nur träumen konnten, davon träumen nun auch wir.

Machen wir uns, denen normales spontanes Reisen heutzutage verwehrt ist, zumindest in unserer Vorstellung auf den Weg, den ich damals täglich ging; ich möchte Dir nämlich den Menschen vorstellen, der für mich, im selben Sinne wie einst Oma, wichtig wurde.

Komm mit, es sind vom Haus nur wenige Schritte hinunter zum Meer:

Es bläst ein sehr angenehmer leichter Wind, eine Brise, die den Wellen noch schnell ihre hübschen kleinen Kronen aufsetzt, ehe sie im Sand verlaufen. Schaumkronen.

Mir begegnet ein Mann, den ich noch nie gesehen habe. Ein Tourist? Obwohl, etwas an ihm war anders. Also doch kein Tourist?

Der Blickwechsel ist nicht der übliche. Kein kurzes Mustern, kein flüchtiges „Hello", während man schon weiter seines Weges geht. Ich laufe auf dem weichen Sand im Seichten, das Wasser umspült meine Knöchel, die Hunde lieben es, sind weit voraus, sie toben sich aus. Er steht eben dort, die Hunde laufen zu ihm, einem blonden Mann von stattlicher Gestalt und Körpergröße, mit hellblauem

Hemd und hochgekrempelten weißen Jeans. Ich gehe rasch auf ihn zu, bin schließlich für die Hunde verantwortlich, deren nasse Sandpfoten Spuren auf seiner Hose hinterlassen. Ich, beschwichtigend, „they just wanna make friendship!", er, antwortend auf Deutsch. „Das macht doch nichts!" In seinen Augen war nichts Unstetes, Unverbindliches. Ein fester, freundlicher Blick. Ich weiß noch, wie ich dachte, Mensch, das gibt's doch nicht. Ein Mann aus der Heimat, mit dem man sich unterhalten kann. Das merkte ich nämlich sofort. Unbefangen, ja, heute, wo ich die Bibel kenne, ist mir das Wort „freimütig" ein Begriff, so blickte er mich an. Eine Wohltat war es. Kein Gelaber, keine Anmache, rein gar nichts von dem, wie es allgemein so der Brauch ist, folgte. Weltlich gesehen, also mit den Augen der meisten, mag es langweilig anmuten, wenn in einem Wort alles, was einen Fremden interessiert, ja was ihn ausmacht, offen auf dem Tisch, besser gesagt, vor einem im weißen, warmen Sand steht. Da hinein hatten wir uns nebeneinandergesetzt, denn mir war die jungenhafte, unkomplizierte Art, die er an den Tag legte, sehr sympathisch. Er lächelte mich an. Und wie er DAS Wort mit einem angeschwemmten Stöckchen mit Schwung in den Sand zog, da dachte ich wieder, das gibt es doch nicht. Das träumst du. Nur dieses eine Wort und sein: Für IHN lebe ich. J E S U S.

Man muss wissen, dass, an einem Traumstrand zu wohnen, zwar schön ist, aber dies noch lange keine weiteren Träume erfüllt als eben den, sich in einem Ganzjahres-Tropengarten mit der weitläufigen Aussicht auf weißen Sand, gesäumt von Kokosnusspalmen und ein blau-türkises Meer zu befinden. Und dieser Standort aber wenig Abwechslung bringt für jemanden, der den üblichen Unterhaltungen gern aus dem Weg geht. In Zeiten, in denen der Touristenstrom ausbleibt, wartet man zudem meist vergeblich auf einen Gedankenaustausch. Stundenlange Strandspaziergänge ohne Wortwechsel, eigentlich das, wonach man sich oft sehnt, wenn man es nicht hat, sind die Regel. Gegen ein nettes Gespräch hätte man da oft nichts. Und findet es aber nicht. Nun war, dass ein solches stattfand, doppelt schön, denn er sprach noch dazu Deutsch.

Ich schäme mich heute nicht, *zuzugeben*, dass mir etwas durch den Kopf schoss, nachdem er das Wort „JESUS" in den Sand gezogen hatte und dazu meinte, dass er für IHN leben würde.

Ich schäme mich heute aber immer noch dafür, dass ich dachte: „Na und?" - Ich sprach es aber nicht aus. Diesem, leicht ungeduldigen, unwirschen, gedanklichen „na und - was weiter?", folgte, dass Stille begann, Raum zu schaffen. Ich saß da, irgendwie von der Stille überrumpelt. Denn, es *war* still geworden. Eine unvermittelte Stille, in der das ferne, unablässige, dumpf grollende Meeresbrausen von dort draußen am Riff, das dem Geräusch einfahrender Züge in einen

Bahnhof glich, das nie aufhörte und mich sogar durch meine nächtlichen Träume begleitete, sowie das säuselnde Plätschern der sich strandnah kräuselnden verebbenden Wellen, einfach abbrach.

Die Stille schuf Platz für

JESUS.

Und plötzlich, so im Sand sitzend, am knochenweißen Strand des Indischen Ozeans, den Fremden neben mir, da fühlte ich mich auf die sichere Insel meiner Kindheit, in das altmodisch anheimelnde Wohnzimmer meiner Großmutter versetzt. Das erzählte ich anfangs bereits.

Alles stand still im Frieden des Namens, der da im Sand stand. JESUS. Ein MEHR gab es nicht. Konnte es nicht geben. JESUS CHRISTUS genügte. Und genau diese Gewissheit war es, die von meiner Oma ausging.

Heute weiß ich, diese Empfindung, die ich in den Augenblicken dieses ersten Treffens mit Frank hatte, dem Missionar, der wie ich Europa verlassen hatte, um auf dem afrikanischen Kontinent etwas Gutes zu bewirken, stammte von dem, was ich schon einmal erlebt hatte. Meine Großmutter hatte mir damals viel von JESUS gesprochen. Und das Licht war angegangen. Sie hatte den Namen GOTTES damals ebenso sorgsam in mein Herz eingetragen, so zügig und schnörkellos, wie ihn der Fremde vor mir in den Sand schrieb. Ich hatte IHN bloß vergessen gehabt.

Ich blicke auf diese beiden Begegnungen zurück, die mit meiner Großmutter und die mit Frank.

Frank kam, nach einer ersten Stippvisite am Indischen Ozean, um den Staub des Hochlandes, wie auch körperlichen Strapazen der Neuorientierung abzuwaschen und eine kostengünstige Unterbringungsmöglichkeit für seine Lieben zu prüfen, wieder. Nachdem er die Vorhut gebildet hatte, sich nach einer Aufgabe umgesehen hatte, der Aufgabe nämlich, zu der er sich von GOTT berufen fühlte, hatte er seine Familie aus Deutschland nachkommen lassen.

Seine Frau Ruth, die drei Kinder. Über das Leben des Ehepaares als Missionare in Afrika weiß ich nicht viel mehr, als dass sie ihrer Aufgabe im Hinterland nachkamen. Kein einfacher Dienst, wie ich heute gewiss weiß. Der Kurzurlaub am Indischen Ozean bedeutete das Einlösen eines Versprechens an die Kinder. „Nach den Strapazen des Umzugs, nach dem Abschied von allen Freunden und der Familie in Europa, werden wir uns alle das Meer ansehen!"

Schon im Flugzeug, als er, gewiss seines Rufes, die erste Reise nach Afrika allein antrat, knüpfte ein Pastor ein Gespräch mit ihm an. Für Frank, der dies als sicheres Zeichen GOTTES auf sein Gebet nach Führung hindeutete, ebnete sich bereits, hoch über den Wolken das Ziel seiner Berufung anstrebend, der Weg.

Nun kommt das Entscheidende, das bei mir einen unauslöschlichen Eindruck hinterließ. Mit Oma war „etwas" anders gewesen. Und genau dieses „Etwas" war auch an dieser Familie „so". Es passte auf sie alle das Attribut, mit dem ich Frank beschrieb. Sie lebten alle, wie meine Oma auch einst, für JESUS. Sie bildeten eine EINHEIT FÜR JESUS! - Wo findet man dies sonst noch?

Zwar gibt es keine Garantie, mögen Kinder auch noch so sehr mit GOTTES WORT als täglichem Brot aufwachsen, dass sie nicht doch später Abwege beschreiten. Aber allein: So aufwachsen zu dürfen! Da wird jedenfalls ein Same gelegt. Wie der, den meine Oma in mich legte. Ob er später aufgehen würde oder nicht. Das nämlich, im Rückblick auf mich es betrachtend, war zu dem Zeitpunkt noch längst nicht gewiss. Erst im Verfolgen des Fadens beginne ich die Hand GOTTES zu sehen, wie sie mich sicher um Gefahren unvorstellbaren Ausmaßes herum lenkte oder sie mit mir durchschritt. Umso mehr, jetzt, SEIN Wirken als IMMERWÄHREND und wahrhaft GROSS erkennend, erzittere ich. Über all die Jahre meines Lebens hinweg wachte mein VATER über mich! Und ich habe IHN ignoriert, zugleich mir einbildend, IHM zu dienen!

Diese Kinder, wie sie tobten und spielten, aber auch ihren Eltern gehorchten, schienen sich, in ihren jungen Jahren bereits, genau dieses ganz sicher zu sein: JESUS CHRISTUS nahm an ihrem Leben teil. Und somit nahmen sie an JESU Leben teil. Dem Leben, das uns verheißen, dessen wir ganz gewiss sein können, so wir umkehren und Buße tun, anerkennend das Opfer seines Kreuzestodes, wie auch die Frucht daraus, durch SEIN BLUT reingewaschen worden zu sein, das ewige Leben, und dass es uns aus Gnade dargereicht wird, sich erfüllend in, dem Glauben entspringenden Werken. Konnte schon ein Kind es verstehen? - Nein. Aber: Sie nahmen es an, wie Kinder es eben so annehmen. Sie vertrauen ihren Eltern, sie wissen, sie können ihnen trauen und ihnen glauben. So, wie auch wir, längst erwachsen, glauben sollen. In der Gewissheit des großen Wunders – jenseits der Welt. In dieser gibt es nichts, absolut nichts von bleibendem Wert für uns. Es ist die Welt Satans. Durch sie gehen sollen wir, wie man einzig unbeschadet durch sie gehen kann, den Blick auf das Große, das Kreuz gerichtet. Den schmalen Weg einschlagend. Diese Vorlage, das Vorbild ist das ENTSCHEIDENDE, das wir unseren Kindern und Enkelkindern als das höchste Gut mitgeben sollten.

Ich beobachtete sie. Sie wirkten so frei. Die Eltern ermahnten nicht ständig, „zieh dies an, zieh jenes an, trockne dich ab, du wirst sonst krank." All dies, es war selbstverständlich. Die Kinder guckten sich alles von den Eltern und den Geschwistern ab. Erst dort, wo eine Grenze zu ziehen war, zog der Vater sie auch. „So, jetzt ab ins Bett!" Ich wartete umsonst auf die Widerrede. Sie wuschen sich, sie versammelten sich zum Gebet. Sie umarmten sich. Wurden einzeln zu Bett gebracht. Es war auch nachts heiß, sodass ein Leintuch genügte. Ich sah es mit an durch die geöffnete Tür. Sie kuschelten sich, nach dem Gutenachtkuss ihres Vaters und der Mutter, zufrieden darin ein.

„Ihr Kinder, gehorcht euren Eltern im Herrn! Denn das ist recht!", zitierte sie Epheser 6, 1.

„Sie wissen, dass es nicht um ein bequemes Leben geht, kein Leben, das ihnen die höchstmögliche Befriedigung ihrer vergänglichen Wünsche schenken soll! Sie wachsen auf mit der Erfahrung, dass wir CHRISTUS dienen müssen." So beantwortete Ruth meine Frage nach diesen außergewöhnlichen Kindern. „Sie sollen niemals vergessen, wofür wir auf der Welt sind", ergänzte Frank. „Wir sind hier, für JESUS CHRISTUS einzutreten, für die Wahrheit zu kämpfen, bis an das Ende unserer Tage!" Wieder ließ mich Frank an meine Großmutter erinnern, ihre Kompromisslosigkeit.

Die Kinder schliefen, wir saßen zusammen zu einem wohltuenden Gespräch, ich, ja, wie ich es anfangs beschrieb, mit dem Gefühl von Bewunderung und der gleichzeitigen Sehnsucht nach der Art Frieden, den sie verströmten. Dieser ganz besonderen, der wichtigsten Art Frieden, des Friedens mit GOTT, durfte inzwischen auch ich teilhaftig werden.

Und diesen Frieden wünsche ich Dir von Herzen auch!

Irgendwann haben sie Afrika verlassen. Ich erfuhr von ihrem Umzug nach Amerika. Ich kann es verstehen. Afrika ist ein sehr schwer zu pflügendes Feld für bibeltreue Mission. Zu viele Teufel haben ihre Spur hinterlassen. Oder verhält es sich gar überall so? Bestimmt sind auch sie einem weiteren Ruf GOTTES gefolgt.

Denn der Wind weht, wo er will, und auch das WOHIN können wir getrost IHM überlassen.

Wir haben einander also aus den Augen verloren, doch dieses Bild hinterließen sie mir, das ich auch Dir als eine der wichtigsten Botschaften mitgeben will:

Dasjenige einer Einheit als Familie, eins mit dem Schöpfer innerhalb SEINER Ordnung. Da, so bin ich mir heute sicher, mag es Wohlergehen geben, da mag es wohl gelingen!

VERSPROCHEN

Was als Brief begann, daraus ist ein kleines Buch geworden. Es richtet sich aber, wie all meine Briefe auch, an Freunde, Bekannte, Verwandte, Menschen die nur kurz meinen Weg „KREUZ"ten, an alle, die mir am Herzen liegen, darunter auch an Dich; denn IHM sind ALLE wichtig. ER liebt ALLE Menschen, auch DICH und ER will, dass Du dies weißt. Ich wollte, auch dem gehorchend, was ER will, Dir unbedingt begreiflich machen, dass es durch ein Leben ohne IHN kein Entrinnen der ewigen Verdammnis gibt. Ich sage dies ganz ernst meinend, dass es die Klarheit dieses Wissens war, nach der ich mich früher so sehr gesehnt hatte. Nimm die Botschaft also unbedingt an!

Lieber Leser, liebe Leserin, ich werde kein Wörtchen mehr zu Dir persönlich darüber sagen!, so ich Dein Interesse nicht wecken konnte. Um ein Zugeständnis bitte ich Dich: Lese alles ebenso sorgfältig, wie ich selbst an Informationen herangehe; relevant ist die Sicht auf die vergangenen und aktuellen Ereignisse, die biblische Aussagen unterstreicht. Einen Querschnitt durch die Informationen der Welt, wie sie geradezu herein"fluten", erhält man, wenn man Beiträge aus verschiedenen Richtungen kommend, der Prüfung anhand der Bibel unterzieht – mithilfe des Heiligen Geistes, der die Tiefen ausleuchtet. Wenn Du die Inhalte mit dem Wissen verknüpfst, das Dir die Bibel eröffnet, wird sich Dir der rote Faden erschließen. Was dort geschrieben steht, taucht nicht nur die Vergangenheit ins Licht, sondern wirft diese ihre Schatten voraus in unsere Zeit. Das WORT hält Wort, das wird dem klar, der sich in ihm wiederfindet. Und sich in IHM wiederfindet. An seinem Ziel, an seinem endgültigen Zuhause.

Wenn Du verstehen möchtest, was heute geschieht, bestelle Dir diese, die „neuen Augen"; bitte JESUS selbst darum.

Das neue Leben kommt mit dazu. Wer je erträumte, ganz neu anzufangen, wer sein Leben dem übergibt, der es neu machen kann, der ist befreit. Warte nicht länger! Bitte darum! Klopfe an und Dir wird aufgetan. Ganz egal, was Du getan, ganz gleich, wie alt Du bist.

ER macht Dich neu. Und es ist wahr.

Ich erbitte noch ein Zugeständnis: Objektivität! Ich weiß, wie sehr wir von Vorlieben und Abneigungen abhängig sind. Meist entscheiden diese darüber, was uns erreichen darf und was nicht. Deswegen sei bitte ohne Vorbehalte verschiedensten Informationen gegenüber. Schließlich dient Dir die Bibel, sie zu verifizieren. Richte Dein Augenmerk vielmehr auf bestimmte Merkmale und wie Du automatisch auf sie anspringst. Es kann Dich auch künftig davor bewahren, dass Dir das Wesentliche nur wegen eines Vorurteiles entgeht. Sei Dir bewusst, dass der Heilige Geist durch weltliches Denken überlagert und gedämpft werden kann und halte Deinen Geist und Verstand durch Beten, eventuell Fasten und durch regelmäßiges Bibelstudium klar.

Es bist schließlich Du, der/die von Informationen zu Gunsten Deiner eigenen Entscheidungsfreiheit Gebrauch machen kann. Meinungen, besonders in der heutigen Zeit, gehören sorgfältig geprüft und abgewogen. Was man nicht kennt, kann einem zum Verderben werden. Oft ist es nur Bequemlichkeit oder Ignoranz, die den entscheidenden Unterschied – zu Deinen Ungunsten – machen dürfen. Oft hast Du anscheinend „Wichtigeres" zu tun. Erlaube Dir auch dieses Argument bitte nicht!

Es gibt viele Informationen, die VIELLEICHT doch noch etwas aufzeigen können, das Dich hellhörig macht. Sie können Dich rechtzeitig warnen. Prüfe sie mit wachem, vorbehaltlosem Geist! Wie gesagt, „meine Hoffnung stirbt zuletzt"!, dass brennendes Interesse an diesem Thema eines Tages von Dir ausgeht. JESUS wird es dann – ganz bestimmt nicht - bremsen. Im Gegenteil: ER nimmt Dich mit offenen Armen auf.

Kommt auf diese Nachricht hin keine Reaktion von Deiner Seite, dann – tatsächlich – schweige ich Dir gegenüber zu dem Thema still. Ab da. VERSPROCHEN!

In Verbundenheit in dem EINEN,

JESUS CHRISTUS,

Heide Nyaga

Kommt her zu mir alle, die ihr mühselig und beladen seid, so will ich euch erquicken!

Nehmt auf euch mein Joch und lernt von mir, denn ich bin sanftmütig und von Herzen demütig; so werdet ihr Ruhe finden für eure Seelen!

Denn mein Joch ist sanft und meine Last ist leicht.

Matthäus 11, 28-30

Über Heide Nyaga:

Der Lebensweg der gebürtigen Österreicherin führt die Schriftstellerin und Berufsfotografin zunächst nach Berlin, wo sie für verschiedene Zeitschriften schreibt und ihren ersten Roman veröffentlicht. Ihre Themen drehen sich stets um diejenigen Menschen, die im Leben scheinbar zu kurz kamen. Ihnen gilt ihr ganzer Einsatz. In Schreibklassen verhilft sie vielen Menschen dazu, ihre eigene Stimme zu finden.

Ihr Buch „Wann denn, wenn nicht jetzt" erschien 2016. Es handelt vom „Helfen wollen, sollen, können und überhaupt dürfen". Dieser letztlichen Berufung begegnete sie schließlich in Ostafrika, wo sie seit 2001 lebt. Durch ein einschneidendes Erlebnis, in dem sie zu JESUS CHRISTUS fand, erfüllte sich der Traum, den sie als Kind bereits gehabt hatte. Heute wirkt sie als Missionarin in Kenia. Auch hat sie gemeinsam mit ihrem Mann, einem kenianischen Pastor, im dortigen Hungerkrisengebiet ein Projekt ins Leben gerufen, das 10.000 Menschen kontinuierlich mit Wasser versorgt. Doch ihr Hauptanliegen gilt der Seele des Menschen, der Verkündigung des rettenden Evangeliums. Möge noch vielen Menschen die, in der Bibel glasklar beschriebene, "Wiedergeburt" zuteilwerden, die "zweite, die geistliche Geburt aus Gott", die aus jedem einstigen "Verlierer" einen Gewinner macht!

Möchten Sie unser Wasser-Selbsthilfe-Projekt unterstützen?
Möchten Sie Einladungen zu Evangelisationstreffen erhalten?
Suchen Sie einen, JESUS CHRISTUS zum Mittelpunkt habenden, sonst unabhängigen, bibeltreuen Hauskreis in Ihrer Nähe?

Wir informieren Sie gerne!

Kontakt: heide.nyaga@yahoo.com

1961, Oma und ich

Über tredition

EIN EIGENES BUCH VERÖFFENTLICHEN

tredition wurde 2006 in Hamburg gegründet. Seitdem hat tredition mehrere tausend Buchtitel veröffentlicht. Autoren veröffentlichen in wenigen leichten Schritten gedruckte Bücher, e-Books und audio-Books. tredition hat das Ziel, die beste und fairste Veröffentlichungsmöglichkeit für Autoren zu bieten.

tredition wurde mit der Erkenntnis gegründet, dass nur etwa jedes 200. bei Verlagen eingereichte Manuskript veröffentlicht wird. Dabei hat jedes Buch seinen Markt, also seine Leser. tredition sorgt dafür, dass für jedes Buch die Leserschaft auch erreicht wird.

Im einzigartigen Literatur-Netzwerk von tredition bieten zahlreiche Literatur-Partner (das sind Lektoren, Übersetzer, Hörbuchsprecher und Illustratoren) ihre Dienstleistung an, um Manuskripte zu verbessern oder die Vielfalt zu erhöhen. Autoren vereinbaren direkt mit den Literatur-Partnern die Konditionen ihrer Zusammenarbeit und partizipieren gemeinsam am Erfolg des Buches.

Das gesamte Verlagsprogramm von tredition ist bei allen stationären Buchhandlungen und Online-Buchhändlern wie z. B. Amazon erhältlich. e-Books stehen bei den führenden Online-Portalen (z. B. iBookstore von Apple oder Kindle von Amazon) zum Verkauf.

Jetzt ein Buch veröffentlichen: **www.tredition.de**

EINE BUCHREIHE ODER VERLAG GRÜNDEN

Seit 2009 bietet tredition sein Verlagskonzept auch als sogenanntes "White-Label" an. Das bedeutet, dass andere Personen oder Institutionen risikofrei und unkompliziert selbst zum Herausgeber von Büchern und Buchreihen unter eigener Marke werden können. tredition übernimmt dabei das komplette Herstellungs- und Distributionsrisiko.

Zahlreiche Zeitschriften-, Zeitungs- und Buchverlage, Universitäten, Forschungseinrichtungen, u.v.m. nutzen diese Dienstleistung von tredition, um unter eigener Marke ohne Risiko Bücher zu verlegen.

Alle Informationen im Internet: **www.tredition.de/Buchverlage**

tredition wurde mit mehreren Innovationspreisen ausgezeichnet, u. a. Webfuture Award und Innovationspreis der Buch-Digitale.

tredition ist Mitglied im Börsenverein des Deutschen Buchhandels.

Zeitfracht Medien GmbH
Ferdinand-Jühlke-Straße 7
99095 Erfurt, Deutschland
produktsicherheit@kolibri360.de

Meinen Nachkommen